Ruth Laing

Geschenke
aus dem
Nähkästchen

Inhaltsverzeichnis

Inhaltsverzeichnis

Vorwort

Sie sind auf der Suche nach der zündenden Geschenkidee für Freunde, Verwandte oder Bekannte? Das „Geschenk von der Stange" ist nicht individuell genug? Kein Problem, in diesem Buch finden Sie das, wonach Sie gesucht haben!

Mit etwas Kreativität und ein wenig Geschick werden Sie im Handumdrehen erfolgreich sein und nach kurzer Zeit das fertige Prachtstück zum Verschenken in den Händen halten.

Sie finden hier zahlreiche Geschenkideen, passend für Geburtstage, Einladungen oder einfach als kleines Mitbringsel und Dankeschön. Die Modelle reichen von der aufwendigen Puppe für Kinder bis hin zum einfachen Schlüsselanhänger oder der trendigen Tasche für die Freundin.

Alle Projekte lassen sich durch eine geeignete Stoffauswahl speziell auf den Beschenkten ausrichten und werden durch zahlreiche Step-by-Step-Zeichnungen so erklärt, dass auch die weniger versierte Hobbynäherin jedes Geschenk problemlos umsetzen kann.

Für diejenigen, die lieber basteln als nähen, sind eine beklebte Kladde oder ein kleines Lesezeichen genau das Richtige.

Viel Freude bei der Umsetzung

Ruth Laing

Kurz erklärt

Stoffzuschnitt

Unter der Rubrik „Zuschnitt" finden Sie alle nööitigen Infos zum Zuschnitt der Modelle. Diie Zahlen in den Klammern geben an, welches Schnittteil Sie auf welcher Seite finden.

Alle Schnittteile müssen immer parallel zum Fadenlauf, also immer im gleichen Abstand zur Webkante aufsteckt werden. Alle Schnitte und Maßangaben enthalten bereits 1 cm Nahtzugabe. Sie können das Schnittmuster also sofort auflegen, müssen keine Nahtzugaben anzeichnen und können alle Teile direkt aus dem Stoff zuschneiden.

Versäubern

Jeder Stoff sollte vor dem Zusammennähen versäubert, also mit einem Zick-Zack-Stich oder mit einer speziellen Versäuberungsnaht umstochen werden, damit die Stoffkante nicht ausfranst. Schnittteile die verstürzt werden, müssen nicht versäubert werden. Die offenen Kanten liegen nach dem Wenden und Schließen der Schnittteile im Inneren und sind nicht mehr zu sehen.

Kurz erklärt

Ecken

Bei vielen Modellen müssen nicht nur gerade Strecken sondern auch Ecken genäht werden. Dieses gelingt besonders exakt, wenn man an der zu nähenden Ecke die Nadel in Tiefstellung im Stoff lässt, das Nähmaschinenfüßchen hebt und das Teil dann um die Nadel herum um die Ecke dreht. Nach dem Nähen muss die Nahtzugabe in den Ecken schräg abgeschnitten und nach dem Wenden vorsichtig mit der Scherenspitze herausgedrückt werden.

Rundungen

Damit verstürzte, runde Kanten nach dem Nähen gut aussehen und sich der genähten Form anpassen, werden die Nahtzugaben zurückgeschnitten und ggf. bis zur Nahtlinie eingeschnitten. Bei dicken Stoffen müssen kleine Dreiecke aus der Nahtzugabe herausgeschnitten werden. So können sich die einzelnen Stofflagen übereinanderlegen und drücken sich nicht auf die Vorderseite des Stoffes durch.

Bügeln

Damit das genähte Geschenk auch wirklich perfekt aussieht, sollten alle Nähte nach jedem Arbeitsgang auseinander- oder flachgebügelt werden.
Bei empfindlichen Stoffen empfiehlt sich die Verwendung eines Bügeltuches. Beschichtete Baumwollstoffe, Wachstuch und Folien lassen sich nur bedingt bei niedriger Temperatur bügeln. Führen Sie an einem kleinen Stück eine Bügelprobe durch.

Kurz erklärt

Verschluss

Das Einnähen von Reißverschlüssen fällt den meisten Hobbynäherinnen nicht leicht. Eine große Hilfe beim Einnähen ist die Verwendung eines speziellen Reißverschlussfüßchens. Hiermit wird gewährleistet, dass die Naht dicht an die Reißverschlusszähne gelangt und der Reißverschluss somit fest eingenäht wird. Dieses Spezialfüßchen gehört zur Grundausstattung Ihrer Nähmaschine, kann aber für jedes Modell im Fachgeschäft nachträglich erworben werden.

Nahtanfang & Nahtende

Nahtanfang und Nahtende müssen stets mit einigen Rückstichen, durch Betätigung der Riegel- oder Rückwärtsnähtaste, gesichert werden. Bei einigen Maschinen kann das Verriegeln eingestellt/programmiert werden und die Nahtsicherung erfolgt automatisch.

Applizieren

Das Applizieren, also das Aufnähen kleiner Stoffstücke auf einen Untergrundstoff mittels eines Zick-Zack-Stiches, gelingt mit Vliesofix® besonders gut. Dabei handelt es sich um eine hitzelösliche Klebeschicht, die auf ein Trägerpapier aufgebracht wurde. Bügeln Sie das Vliesofix® auf die linke Seite eines ausreichend großen Stoffstücks, zeichnen Sie dann die Kontur des Schnittmusters auf die Papierseite und schneiden Sie anschließend die Applikation zu. Ziehen Sie dann das Trägerpapier ab und bügeln Sie das Stoffmotiv auf einen Hintergrundstoff. Anschließend gelingt das Übernähen der Stoffkanten problemlos, ohne dass sie verrutschen.

Kurz erklärt

Stoffe verstärken

Dafür eignet sich Vlieseline®. Dies ist eine Einlage mit hitzelöslicher Klebeschicht, die auf die linke Stoffseite gebügelt wird. Die Einlage verbleibt dort und verstärkt das Stoffteil. Vlieseline® gibt es in verschiedenen Ausführungen, von weich bis sehr fest.

Duftsäckchen

Diese kleinen Duftsäckchen sind beliebte Mitbringsel, die Sie sehr schnell nähen können. Durch kleine Spitzen oder einen Lavendeldruck auf hellem Untergrund lassen Sie sich unterschiedlich und individuell gestalten. Kombinieren Sie verschiedene Stoffe, die farblich gut harmonieren, und füllen Sie die Säckchen mit Lavendelblüten.

Die Biene für den Lavendeldruck entnehmen Sie entweder der Seite III oder per Download von den dort angegebenen Internetseiten. Drucken Sie das Motiv mit einem Laserdrucker aus und übertragen Sie es mit Lavendelöl aus der Drogerie oder Apotheke auf den Stoff. Beachten Sie, dass Lavendeldruck nur mit Vorlagen aus einem Laserdrucker funktioniert.

Tolles Mitbringsel

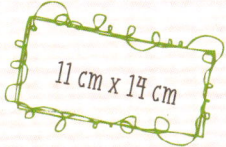

11 cm x 14 cm

Verarbeitung

1. Gestalten Sie die Vorderseite durch Aufnähen von Spitzen oder durch Lavendeldruck. Das ausgedruckte Motiv dazu mit der Vorderseite auf den Stoff legen, rückseitig mit ausreichend Lavendelöl benetzen, kurz einwirken lassen und durch längeres Reiben mit einem Löffel auf den Stoff übertragen und trocknen lassen.

2. Dann die beiden 13 cm x 16 cm langen Schnittteile rechts auf rechts legen und aufeinandersteppen, dabei an einer langen Seite eine ca. 5–6 cm lange Öffnung zum Wenden frei lassen. Die Nahtzugaben und die Ecken auf 2–3 mm abschneiden, das Teil wenden und die Ecken mit der Schere herausdrücken.

3. Die Kanten bügeln, das Säckchen füllen und die Öffnung mit einigen Handstichen zunähen.

Material

Baumwollstoff, 2-mal 13 cm x 16 cm
Applikation
Spitzenrest
Laserausdruck
Lavendelöl
getrocknete Lavendelblüten

eReader-Hülle

Geschenkidee für Leseratten

Halbtagesprojekt

Modell 2

Modell 1

Durch das Aufbügeln von dickem Volumenvlies ist Ihr Lesegerät auch vor kräftigen Stößen sicher geschützt. Anstatt Stoff vom Ballen, kamen hier Trockentücher zum Einsatz, die wenig kosten und sehr robust und strapazierfähig sind. Entscheiden Sie sich vor dem Nähen für eine der beiden Modellvarianten. Die Hülle von Variante 1 wird mit einem Gummi geschlossen und zeigt auf der Vorderseite eine Teilungsnaht, in der eine breite Zackenlitze zwischengefasst wurde. Bei Variante 2 wurde die Schlaufe zum Schließen aus einem Stoffstreifen verstürzt, auf Teilungsnähte wurde verzichtet.
Eine Kombination beider Varianten ist natürlich auch möglich.

Material

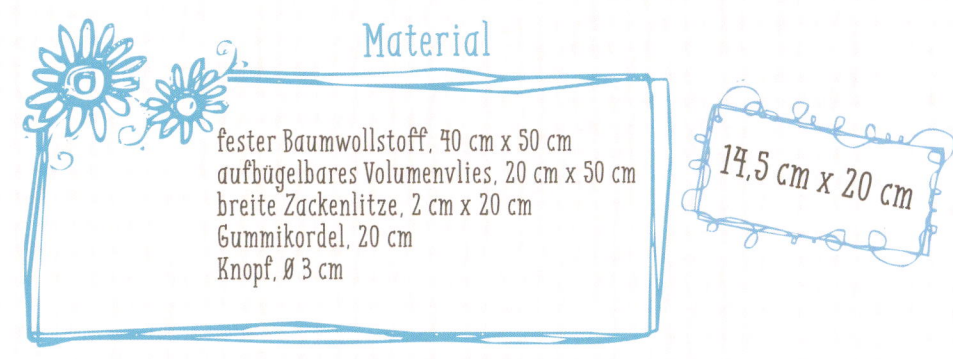

fester Baumwollstoff, 40 cm x 50 cm
aufbügelbares Volumenvlies, 20 cm x 50 cm
breite Zackenlitze, 2 cm x 20 cm
Gummikordel, 20 cm
Knopf, Ø 3 cm

14,5 cm x 20 cm

Zuschnitt

Modell 1

Baumwollstoff
2-mal oberes Hüllenteil, 7 cm x 16,5 cm
1-mal mittleres Hüllenteil, 32 cm x 16,5 cm
1-mal Futterteil, 40 cm x 16,5 cm

Volumenvlies
2-mal oberes Hüllenteil, 7 cm x 16,5 cm
1-mal mittleres Hüllenteil, 32 cm x 16,5 cm

Modell 2

Baumwollstoff
2-mal Hüllenteil, 40 cm x 16,5 cm
1-mal Schlaufe, 5 cm x 16 cm

Volumenvlies
1-mal Hüllenteil, 40 cm x 16,5 cm

Verarbeitung

Alle Schnittteile laut Auflistung zuschneiden und das Volumenvlies auf die linke Stoffseite aufbügeln. Hierzu ein Bügeltuch verwenden.

Modell 1

1. Die breite Zackenlitze innerhalb der Nahtzugabe, ca. 5 mm von der oberen Kante entfernt, rechts auf rechts auf die Vorderseite des mittleren Hüllenteils vorsteppen.

2. Die beiden kleinen Schnittteile jeweils rechts auf rechts an das mittlere Hüllenteil steppen und die Nahtzugaben auseinanderbügeln.

3. Die Gummikordel mittig und innerhalb der Nahtzugabe an die obere Kante der Rückseite steppen.

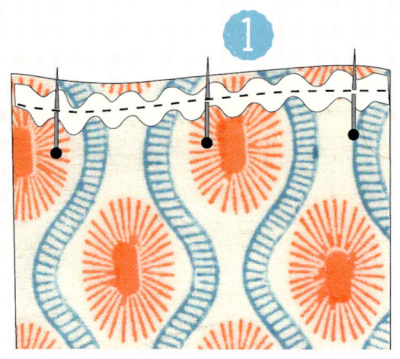

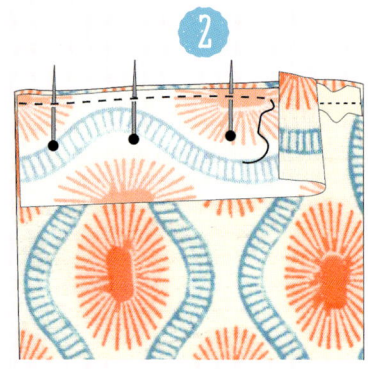

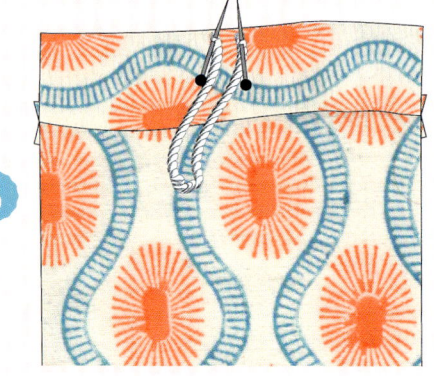

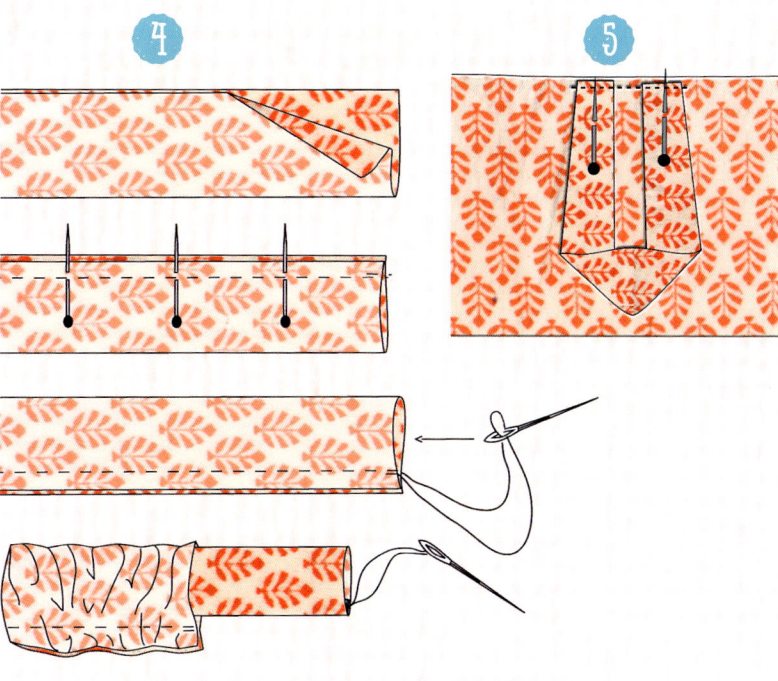

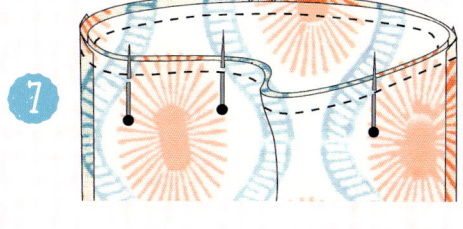

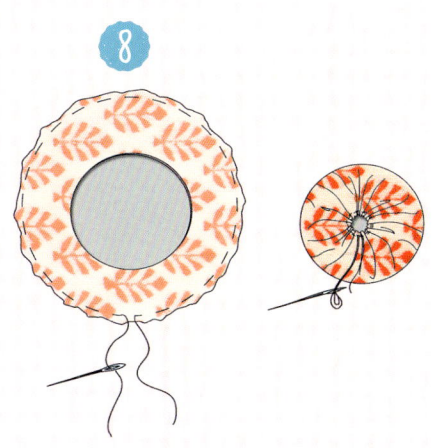

Modell 2

4. Für den Verschluss den Stoffstreifen entlang der langen Seiten rechts auf rechts falten und aufeinandersteppen. Die Nahtzugaben auf 3 mm zurückschneiden. Einen Zwirn oder Knopflochgarn innerhalb der Nahtzugaben an den Stoffstreifen nähen, die Nadel mit dem stumpfen Ende durch den Stoffschlauch führen und durch vorsichtiges Ziehen am Faden das Schnittteil wenden. Die Kanten bügeln.

5. Den Stoffstreifen laut Zeichnung mittig, innerhalb der Nahtzugaben, an die Rückseite der Hülle steppen.

Modell 1/Modell 2

6. Das Hüllenteil rechts auf rechts falten und die beiden Seitennähte steppen. Das Futterteil ebenso nähen, jedoch eine ca. 8 cm lange Öffnung zum Wenden offen lassen. Die Nahtzugaben auseinanderbügeln.

7. Innen- und Außenteil der Hülle rechts auf rechts ineinanderziehen und entlang der oberen Kante aufeinandersteppen. Die Nahtzugaben auf 2–3 mm zurückschneiden. Die Hülle durch die Seitennahtöffnung wenden und die obere Kante bügeln. Die Wendeöffnung mit einigen Handstichen zunähen.

8. Knopf: Einen Stoffkreis mit einem Durchmesser von 5,5 cm zuschneiden. Die Außenkante mit Knopflochgarn und kleinen Stichen umnähen, den Knopf einlegen, den Faden so stramm wie möglich zusammenziehen und verknoten. Dann die Unterseite des Knopfes mit vielen diagonalen Handstichen übernähen. Den Knopf auf der Vorderseite befestigen.

Clutch

Geschenkidee für Taschenliebhaber

Halbtagsprojekt

Diese kleine elegante Damenhandtasche mit Handschlaufe entsteht aus einem Stoffstück, einer Rüsche und einem Reißverschluss. Auf den eingekräuselten Stoffstreifen wird eine Schmucklitze aufgenäht, die Sie beliebig dem Stil Ihrer Handtasche anpassen können. Wer die Tasche besonders perfekt gestalten möchte, füttert sie zusätzlich mit einem dünnen Baumwollstoff.

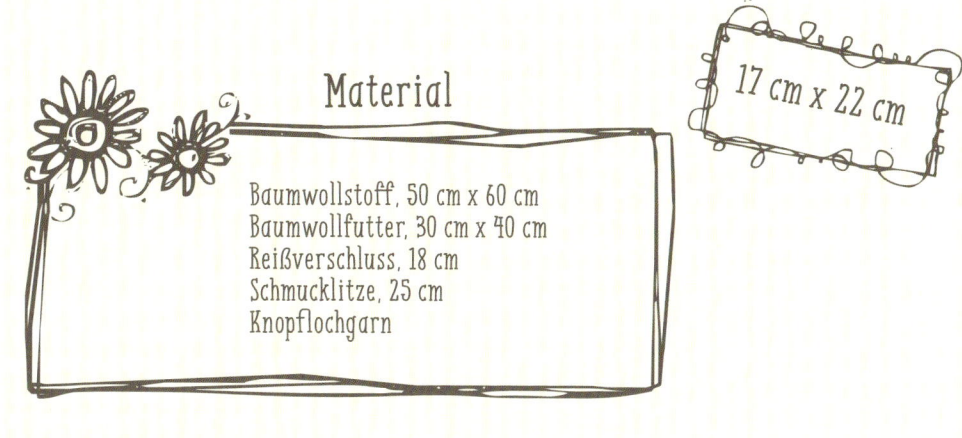

17 cm x 22 cm

Material

Baumwollstoff, 50 cm x 60 cm
Baumwollfutter, 30 cm x 40 cm
Reißverschluss, 18 cm
Schmucklitze, 25 cm
Knopflochgarn

Zuschnitt

1-mal Taschenteil, 24 cm x 34 cm
1-mal Futterteil, 24 cm x 34 cm
1-mal Rüsche, 8 cm x 55 cm
1-mal Handschlaufe, 5 cm x 35 cm
2-mal Reißverschlussblende, 3 cm x 8 cm

Verarbeitung

1. Die Schnittteile laut oben stehender Auflistung zuschneiden. Handelt es sich bei Ihrem Baumwollstoff um eine sehr dünne Qualität, dann die Außenseite der Tasche eventuell auf der linken Stoffseite mit dünner Vlieseline bekleben.

2. Die 3 cm langen Seiten der Reißverschlussblenden links auf links falten und auf die Enden des Reißverschlusses nähen. Es sollte eine Gesamtlänge von 24 cm entstehen.

3. Den Stoffstreifen für die Rüsche und für die Armschlaufe jeweils an den langen Seiten rechts auf rechts falten und aufeinander feststeppen. Den Stoffstreifen unter Zuhilfenahme von Knopflochgarn und einer dicken Stopfnadel laut Zeichnung wenden. Die Kanten bügeln.

❷

❸

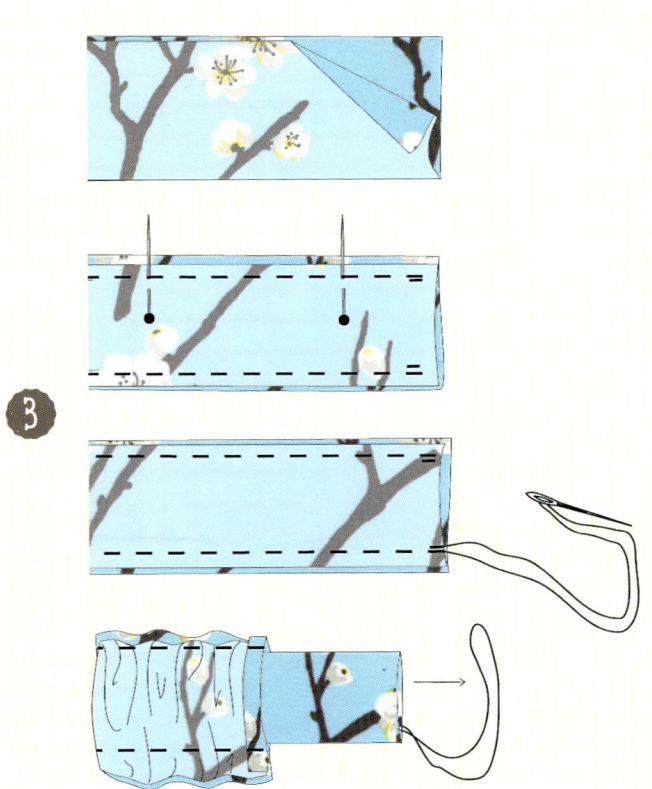

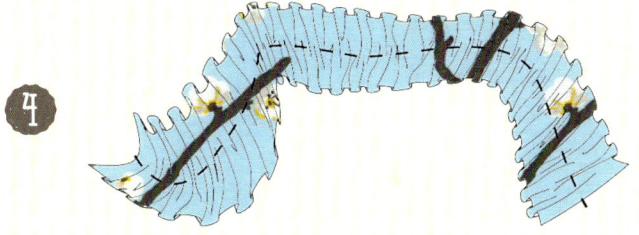

4. In den gewendeten Rüschenstreifen mittig einen Kräuselfaden (Knopflochgarn) von Hand einziehen und auf eine Länge von 24 cm zusammenschieben.

5. Die Rüsche 8 cm unterhalb der oberen Kante auf das Taschenteil aufsteppen.

6. Auf den eingekräuselten Streifen die Schmucklitze von Hand aufnähen.

7. Die beiden Reißverschlusshälften rechts auf rechts an die oberen Kanten des Taschenteils steppen. Die Kanten bügeln.

8. Das Taschenteil rechts auf rechts legen. Die Armschlaufe ca. 2,5 cm von der oberen Kante entfernt ins Innere der Tasche legen und mit Nadeln feststecken. Dann die Seitennähte aufeinanderstepppen. Die Tasche nach rechts wenden, die Kanten bügeln und die Ecken vorsichtig mit einer Schere herausdrücken.

9. Das Futterteil an den Seitennähten rechts auf rechts nähen, die Kanten bügeln und dann links auf links ins Tascheninnere schieben. Die offenen Stoffkanten nach innen einschlagen und mit einigen Handstichen am Reißverschlussband festnähen.

Handytasche

Geschenkidee für Handybesitzer

Tagesprojekt

In dieser kleinen Handytasche ist nicht nur das Telefon sicher geschützt, es finden auch Ausweise, Kreditkarten und der Führerschein ein Plätzchen. Für das nötige Kleingeld ist eine kleine Geldtasche mit Reißverschluss aufgenäht. Geschlossen wird die Handytasche durch ein geflochtenes Band, das locker um das Täschchen herumgewickelt wird.

15 cm x 17,5 cm

Material

fester Baumwollstoff, 90 cm x 20 cm
Leder, 8 cm x 12 cm
gewachste Baumwollkordel, 2,50 m
feste Vlieselinereste
Kunststoffreißverschluss, 12 cm

Zuschnitt

Baumwollstoff
1-mal Vorderseite (1)
1-mal Rückseite (1)
2-mal kleines Innenteil (2)
1-mal Geldtäschchen, 11 cm x 16 cm

Leder
1-mal Kartenteil (3)

Vlieseline
1-mal Vorderseite (1)

Verarbeitung

1. Die Schnittmuster (1–3) von Seite 106 kopieren, ausschneiden und entsprechend der Beschriftung aus dem jeweiligen Stoff zuschneiden.

2. Die Vorderseite des Handytäschchens auf der linken Stoffseite mit fester Vlieseline verstärken.

3. Die obere Kante der beiden Innenteile versäubern, 1 cm nach links umbügeln und feststeppen.

4. Auf eines der beiden Innenteile das Lederschnittteil mittig und 1,2 cm unterhalb der eingeschlagenen Kante festnähen.

5. Geldtäschchen:
a) Eine der 11 cm langen Kanten rechts auf rechts an das Reißverschlussband nähen. Die überstehende Länge des Reißverschlusses abschneiden.
b) Die zweite Seite ebenfalls rechts auf rechts an das Reißverschlussband nähen.
c) Dann die äußeren Kanten des Geldtäschchens so rechts auf rechts legen, dass die Mitte des Reißverschlusses etwa 1 cm unterhalb der oberen Kante liegt.

5d

Den Reißverschluss öffnen! Die Seitennähte aufeinandersteppen, dann das Schnittteil wenden und die Kanten bügeln.

d) Das fertige Geldtäschchen bündig an die untere Kante des Innenteils legen und obere sowie untere Kante knappkantig aufsteppen.

6. Die beiden Innenteile mit den aufgesteppten Taschen nun kantengleich auf das große Vorderteil stecken und 2–3 mm breit feststeppen.

7. Die drei gewachsten Baumwollfäden zu einem Zopf flechten, an jedem Ende einen Knoten machen und das so entstandene Bindeband mittig auf das innere Taschenteil mit dem Ledereinschub stecken.

8. Vorder- und Rückseite des Handytäschchens rechts auf rechts legen und entlang der Außenkanten aufeinandersteppen, dabei eine Öffnung von 9–10 cm auf der Seite mit dem Ledereinschub offen lassen. Die Nahtzugaben auf 2–3 mm zurückschneiden, das Teil nach rechts wenden, die Rundungen mit den Fingern vorsichtig ausrollen, die Kanten bügeln und die Öffnung mit einigen Handstichen zunähen.

6
7

8

Baby-Halstuch

Dieses Baby-Halstuch aus zwei verschiedenenfarbigen Stoffstücken, einer Applikation und einem kleinen Klettband, ist schnell genäht und im Nu fertig. Über dieses kleine Mitbringsel freut sich nicht nur das Baby, sondern auch die Mutter. Gerade bei Kindern im Zahnalter erspart das Tragen dieses kleinen Halstuches häufig das Waschen von Pullovern und Bodys – praktisch und schön!

Geschenkidee für Babys

Stundenprojekt

Für Kinder bis zwei Jahre

Zuschnitt

1-mal Vorderseite (4)
1-mal Rückseite (4)

3

Verarbeitung

1. Das Schnittteil (4) von Seite 105 kopieren und ausschneiden. Vorder- und Rückseite des Halstuches aus verschiedenen Stoffen zuschneiden.

2. Auf die Vorderseite Vlieseline aufbügeln.

3. Vorder- und Rückseite des Halstuches rechts auf rechts legen, die Kanten aufeinandernähen, dabei an einer Seite eine ca. 8 cm breite Öffnung zum Wenden lassen. Die Nahtzugaben auf 2–3 mm zurück- und die Ecken abschneiden.

4. Das Teil wenden, die Nahtzugaben vorsichtig mit den Fingern herausrollen und die Kanten bügeln. Die Öffnung mit einigen Handstichen schließen.

5. Die Klettbandteile wie auf dem Schnittmuster markiert aufnähen.

6. Die Applikation mit einigen Handstichen aufnähen oder laut Packungsbeilage aufbügeln.

Material

Verschiedene Baumwollstoffe, 2-mal 35 cm x 30 cm
Vlieseline, 35 cm x 30 cm
Applikation
Klettband, 3,5 cm

Hundehalsband

Geschenkidee für Hundebesitzer

Stundenprojekt

Da lacht das Herz des Hundebesitzers. Diese kleinen Hundehalsbänder sind sehr schnell genäht und auch für Nähanfänger bestens geeignet. Sie brauchen nur wenige Zutaten, die in jeder Kurzwarenabteilung eines Kaufhauses erhältlich sind. Kaufen Sie sofort mehrere Sets, es besteht Suchtgefahr, da das Nähen so schnell geht und das Ergebnis einfach überzeugend ist!

Material

Gurtband, 2,5 cm x 55 cm
Webband, 55 cm
Längenversteller, 2,5 cm
Klickverschluss, 2,5 cm
D-Ring, 2,5 cm

Länge:
35 cm–50 cm

Verarbeitung

1. Das Webband knappkantig links auf rechts auf das Gurtband nähen. Wer möchte kann noch eine breite Zackenlitze zwischenfassen.

2. Das Gurtband durch den Längenversteller ziehen, ca. 3 cm nach hinten einschlagen und feststeppen.

3. Nun eine Hälfte des Clipverschlusses, und zwar die Seite, die in den Verschluss geschoben wird (Stecker), über die andere, lange Seite des Gurtbandes schieben. Achten Sie darauf, dass die vordere Seite dieses Verschlussteils nach unten zeigt, damit es sich später korrekt in das Gegenstück schieben lässt.

4. Das offene Ende des Bandes dann wieder von unten kommend durch den Längenversteller fädeln.

5. Nun den D-Ring über das Band schieben.

6. Jetzt das Gurtband von oben kommend durch die Vorderseite des zweiten Verschlussteils fädeln, 3 cm nach hinten umschlagen und feststeppen.

Puppe

Geschenkidee für kleine Puppenmütter

Diese Puppe wird aus weichem beigefarbenem Baumwolljersey genäht und für die Kleidung kamen farbenfrohe Stoffe aus Baumwolle zum Einsatz. Verwenden Sie für das Zusammennähen der Jerseyteile unbedingt eine Jerseynadel, sonst entstehen Löcher im Stretchstoff. Das Kopftuch wird mit Handstichen am Kopf festgenäht und geht somit nicht verloren. Anstatt der Filzhaare können natürlich auch Haare aus Wollfäden angenäht werden.

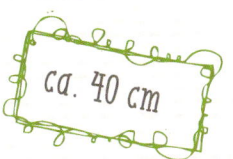

ca. 40 cm

Material

Baumwolljersey, 50 cm x 80 cm	Knopflochgarn
Baumwollstoffreste	Zackenlitze, 26 cm
dünne Filzreste	Kordel, 50 cm
Füllwatte	

Zuschnitt

Zuschnitt Puppe
Jersey
2-mal Rumpf (5)
2-mal Kopf (6)
4-mal Arm (7)
4-mal Bein (8)

Filz
1-mal Haare (9)

Zuschnitt Kleid
Baumwollstoff
1-mal Vorderteil (10)
2-mal Rückteil (11)
2-mal Ärmel (12)
1-mal Schrägstreifen/Hals, 36 cm x 5 cm
2-mal Schrägstreifen/Ärmel, 18 cm x 3,6 cm

Zuschnitt Kopftuch
Baumwollstoff
2-mal Stoffdreieck (13)

Verarbeitung

Die Schnittteile 5–13 von den Seiten 108–110 kopieren und ausschneiden. Für die Arme und Beine die Stoffstücke zunächst nur grob zuschneiden.

Puppe

1. Die beiden grob zugeschnittenen Stoffrechtecke für die Arme und Beine jeweils rechts auf rechts legen, das entsprechende Schnittmuster mit einer Nadel darauf feststecken und entlang der äußeren Schnittmusterkontur aufeinandernähen. Die obere Kante bleibt zum Wenden offen. Die Nahtzugaben auf 2–3 mm zurückschneiden. Die Arme und Beine wenden und mit Füllwatte ausstopfen. Die obere Kante jeweils mit einigen Stichen zunähen.

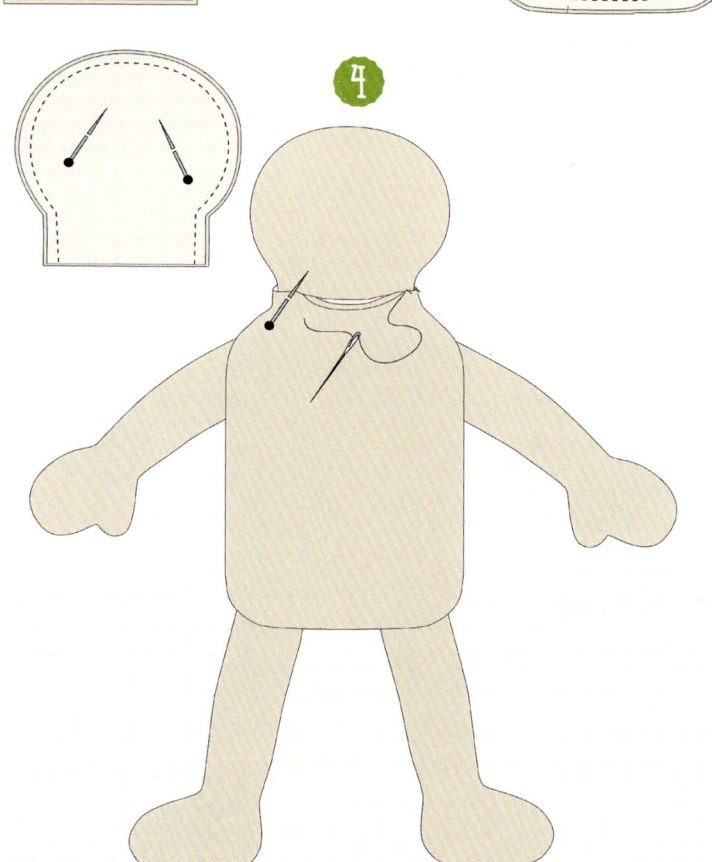

2. Für den Rumpf die beiden Schnittteile rechts auf rechts legen und entlang der äußeren Konturen aufeinandersteppen, dabei jeweils laut Schnittmuster die Bereiche für Arme und Beine sowie für den Hals offen lassen. Die Nahtzugaben zurückschneiden, das Teil wenden und die Kanten bügeln.

3. Die fertigen Arme und Beine in die jeweiligen Öffnungen stecken und mit einigen Handstichen an den Rumpf nähen. Den Rumpf durch die Halsöffnung mit Füllwatte ausstopfen.

4. Die beiden Schnittteile für den Kopf rechts auf rechts aufeinandersteppen, die Nahtzugaben zurückschneiden, den Kopf wenden und mit Füllwatte ausstopfen. Den fertigen Kopf mit der Unterseite in die Halsöffnung stecken, hier die Nahtzugabe ca. 1 cm weit nach innen einschlagen und mit einigen Handstichen am Kopf festnähen.

5. Die Haare aus schwarzem Filz mit einigen Handstichen an der oberen Kopfnaht befestigen.

6. Augen und Mund laut Foto aufsticken.

Kleid

1. Die beiden rückwärtigen Kleiderteile rechts auf rechts legen und ab der Schlitzmarkierung bis zum Saum aufeinandersteppen. Die Nahtzugaben auseinanderbügeln. Den Schlitzbereich knappkantig absteppen.

2. Vorderes und rückwärtiges Kleiderteil rechts auf rechts legen und die Seitennähte aufeinandersteppen. Die Nahtzugaben auseinanderbügeln.

3. Den Saum 1,5 cm breit nach innen einschlagen und übersteppen.

4. Das Schrägband für den Ärmelsaum an beiden langen Seiten 0,5 cm nach links umbügeln. Dann den gesamten Streifen nochmals links auf links falten, bügeln, über die untere Ärmelkante schieben und knappkantig feststeppen.

5. Die Ärmelnähte rechts auf rechts aufeinandersteppen, die Nahtzugaben auseinanderbügeln.

6. Die beiden Ärmel rechts auf rechts an Vorder- und Rückseite des Kleidchens steppen. Die Nähte von Ärmel und Seitennaht des Kleides treffen dabei exakt aufeinander. Die Nahtzugaben in den Ärmel bügeln.

7. Den Schrägstreifen für den Halsausschnitt an beiden langen Seiten 0,7 cm nach links umbügeln. Dann den Streifen nochmals links auf links falten und knappkantig an den Halsausschnitt steppen, Bandanfang und -ende dabei jeweils 1 cm nach links einschlagen. Die Länge des Schrägbandes auf den Umfang des Halsausschnittes abstimmen.

8. Unter Zuhilfenahme einer Sicherheitsnadel die Kordel in den Halsausschnitt einziehen. Die Kordelenden verknoten.

9. Die Zackenlitze auf den Saum steppen, Anfang und -ende der Litze jeweils nach innen einschlagen.

Kopftuch

1. Die beiden Schnittteile für das Kopftuch rechts auf rechts legen, die Kanten aufeinandersteppen, dabei eine Öffnung von ca. 8 cm zum Wenden offen lassen. Die Nahtzugaben auf 2–3 mm zurückschneiden, die Ecken schräg abschneiden.

2. Das Kopftuch durch die Öffnung wenden, die Ecken vorsichtig mit einer Schere herausdrücken, die Kanten bügeln und die Öffnung mit einigen Handstichen zunähen.

3. Das Kopftuch mit Nadeln über dem Haaransatz feststecken, verknoten und mit einigen Handstichen fixieren. Im Anschluss daran das gesamte Kopftuch im Bereich der Haare von Hand am Puppenkopf festnähen.

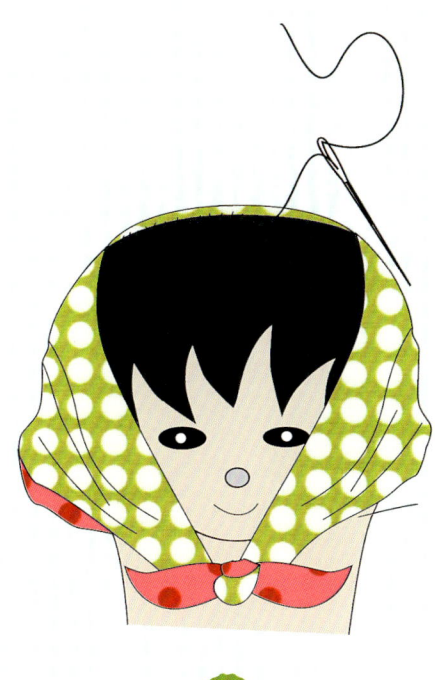

3

Schlafmaske

Für Menschen, die gern auf Reisen gehen oder beim Mittagschlaf das Tageslicht „scheuen", ist eine solche Schlafmaske ein tolles Geschenk. Durch Bügeltransferfolie kann sie individuell mit kleinen Sprüchen oder Bildchen gestaltet werden. Auf Seite III finden Sie die Druckvorlage für den Schriftzug „Pssst...". Sicherlich haben Sie eine Menge anderer Einfälle, wie Sie die Schlafmaske individualisieren können. Ihre Idee können Sie ganz einfach mit dem Tintenstrahldrucker auf die Folie drucken und laut Herstellerhinweis auf den Stoff übertragen.

Geschenkidee für Lichtscheue

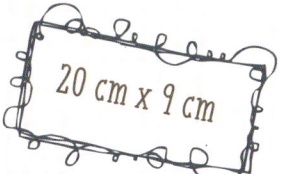
20 cm x 9 cm

Stundenprojekt

Verarbeitung

1. Falls Sie Ihren Stoff selbst bedrucken möchten, übertragen Sie das Motiv von Seite 111 durch Downloaden oder vorheriges Einscannen/Kopieren auf einen einfarbigen Baumwollstoff und schneiden Sie das Schnittteil entsprechend der Kontur aus. Ansonsten das Schnittmuster (14) von Seite 108 kopieren, ausschneiden und laut Beschriftung aus den Stoffen zuschneiden.

2. Die Vorderseite mit Volumenvlies bekleben oder innerhalb der Nahtzugabe aufnähen. Hierzu ein Bügeltuch benutzen. **Tipp:** Möchten Sie Ihren Stoff mit Transferfolie bearbeiten, verzichten Sie auf das Aufbügeln des Vlieses und fassen es erst beim späteren Verstürzen zwischen den beiden Stofflagen mit.

3. Die beiden Stoffstücke für die Schlafmaske rechts auf rechts legen, das Gummiband mittig an den beiden Seiten zwischenfassen. Dann die beiden Teile rechts auf rechts aufeinandersteppen,

Zuschnitt

1-mal Vorderseite (14)
1-mal Rückseite (14)

3

an der oberen Kante eine ca. 8 cm breite Öffnung zum Wenden frei lassen. Die Nahtzugaben auf 2–3 mm zurückschneiden, die Rundungen bis zur Nahtlinie einschneiden.

4. Die Schlafmaske wenden, die Nahtzugabe zwischen den Fingern auseinanderrollen, die Kanten bügeln und die Öffnung mit einigen Handstichen zunähen. Je nach Belieben die äußere Kontur füßchenbreit absteppen.

Material

Baumwollstoffreste
dünnes Volumenvlies
Gummiband, ca. 25 cm
Bügeltransferfolie

Kopfkissen

Nicht nur für Babys ist dieses Patchworkkissen ein tolles Mitbringsel. Hier kommen Stoffreste, farblich passende Häkeldecken, Applikationen und Zackenlitzen zum Einsatz. Die Kombination und unregelmäßige Anordnung der einzelnen Schnittteile lässt etwas ganz Individuelles entstehen. Applizieren Sie Kreise aus unifarbenem Stoff, die Sie anschließend mit einer Zackenlitze umnähen und mit fertigen Applikationen schmücken.

Geschenkidee nicht nur für Babys

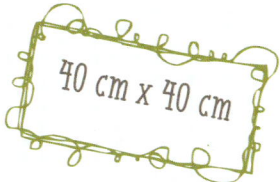

40 cm x 40 cm

Zuschnitt

Vorderseite: Stoffreste für 42 x 42 cm
Rückseite: Stoffquadrat 42 cm x 42 cm

Material

Baumwollstoffreste
Zackenlitze
Applikation
Kisseninlett

Verarbeitung

1. Für die Vorderseite verschiedene Stoffreste so aneinandernähen, dass eine Gesamtgröße von 42 cm x 42 cm entsteht. Alle Nahtzugaben auseinanderbügeln.

2. Eventuell gehäkelte Deckchen genauso groß wie die Rechtecke zuschneiden und beim Aneinandernähen der einzelnen Schnittteile mitfassen.

3. Je nach Wunsch auf die Vorderseite Kreise oder andere Formen applizieren und die Kanten mit Zackenlitze übernähen.

4. Dann Vorder- und Rückseite des Kissens rechts auf rechts legen und ringsum aufeinandersteppen, dabei an einer Seite eine 25 cm große Öffnung zum Einlegen des Inletts offen lassen. Die Kissenhülle wenden, die Ecken mit einer Schere vorsichtig herausdrücken und die Kanten bügeln.

5. Nach dem Einlegen des Kisseninletts die Öffnung mit einigen Handstichen zunähen.

6. Eventuell kleine Röschen oder kleine Applikationen von Hand aufnähen.

Loop

Ein solcher Schal ist genau das richtige Geschenk für eine gute Freundin, aus dezent gemusterten Stoffen genäht natürlich auch für Männer. Kombinieren Sie Stoffe einer farblich passenden Serie miteinander oder mixen Sie verschiedene Stoffarten wie Jersey oder Fleece mit Baumwolle.

Geschenkidee für Schalfreunde

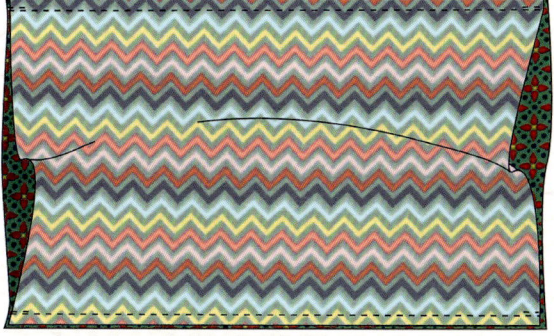

①

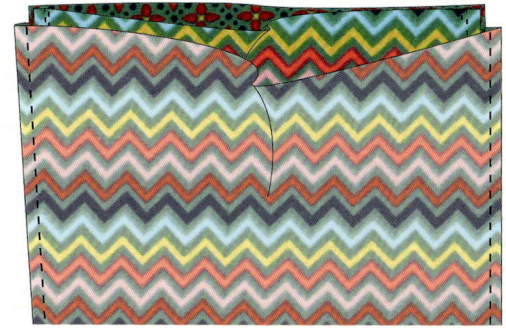

②

Verarbeitung

1. Die beiden Schnittteile rechts auf rechts legen und entlang der langen Seiten aufeinandersteppen.

2. Mit dem Arm in den Stoffschlauch greifen und die hintere kurze Seite rechts auf rechts auf die vordere kurze Schalseite stecken. Es liegen jeweils die rechten Seiten einer Stoffart aufeinander.

3. Die kurzen Seiten des Loops nun so weit wie möglich aufeinandersteppen, der Stoff verdreht sich dabei.

4. Den Schal auf die rechte Seite wenden und die Kanten bügeln.

5. Die verbliebene Öffnung mit einigen Handstichen zunähen.

Material/Zuschnitt

2-mal 1,42 m x 42 cm/Erwachsene
2-mal 1,12 m x 27 cm/Kinder

Schlüsselanhänger

Diese Schlüsselbänder werden aus zwei Stoffstreifen hergestellt, die einfach nur verstürzt werden. Wer mag, entscheidet sich für einen einfarbigen Stoff und näht auf die Vorderseite eine Spitze oder ein Schmuckband auf. Ist gerade kein Karabinerhaken zur Hand, zerschneiden Sie kurzerhand ein Schlüsselband mit Werbeaufdruck, das bereits ausgedient hat.

Aus Resten schnell genäht

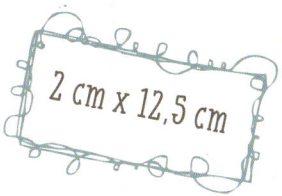

2 cm x 12,5 cm

Verarbeitung

1. Den 25 cm langen Stoffstreifen rechts auf rechts falten und entlang der langen Seiten aufeinandersteppen. Die Nahtzugaben auf 2–3 mm zurückschneiden.

2. Den Streifen laut Zeichnung wenden und die Kanten so bügeln, dass die Naht mittig auf der Rückseite des Streifens liegt. Den kurzen Streifen genauso anfertigen.

3. Den Karabinerhaken über das lange Band ziehen und die kurzen Enden etwa 0,5 cm überlappend aufeinander festnähen.

4. Das verstürzte kurze Band zum Ring aufeinandersteppen, die Nahtzugaben auf 3 mm zurückschneiden, das Teil wenden und dann über das lange Schlüsselband ziehen. Anschließend mit einigen Handstichen festnähen oder durch diagonales Übersteppen mit der Maschine fixieren.

Zuschnitt

1-mal Stoffstreifen, 25 cm x 6 cm
1-mal Stoffstreifen, 6 cm x 6 cm

Material

Baumwollstoffrest
Spitzenrest
Karabinerhaken, 2,5 cm

Boho-Wendetasche

Geschenkidee für Taschenliebhaber

Tagesprojekt

Diese Tasche führt ein Doppelleben – die Innenseite ist aus braunem bestickten Stoff, die Außenseite aus einem romantisch anmutenden Blumendruck genäht – so bringt diese lässige Tasche sofort doppelte Freude. Solche Wendetaschen lassen sich auf verschiedene Arten nähen. Folgen Sie der unten stehenden, recht einfachen Anleitung, und Sie werden Ihrer Freundin eine große Freude bereiten.

Material

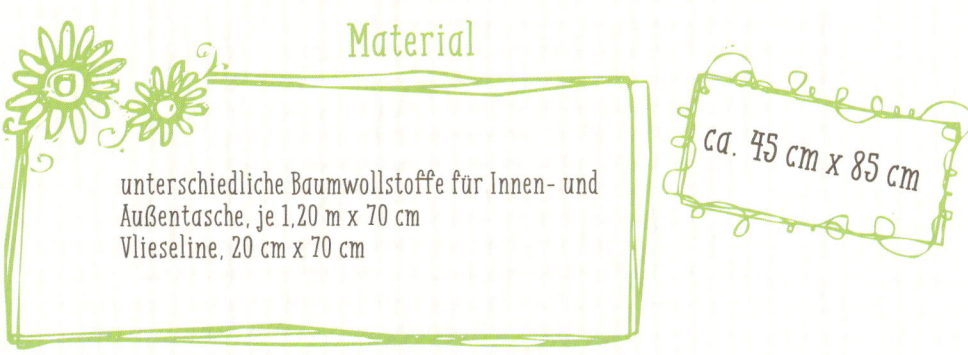

unterschiedliche Baumwollstoffe für Innen- und Außentasche, je 1,20 m x 70 cm
Vlieseline, 20 cm x 70 cm

ca. 45 cm x 85 cm

Zuschnitt

Baumwollstoff 1
1-mal Taschenboden (15)
2-mal Taschenteil
1 Tragegurt, 70 cm x 14 cm

Baumwollstoff 2
1-mal Taschenboden (15)
2-mal Taschenteil
1 Tragegurt, 70 cm x 14 cm

Vlieseline
2-mal Taschenboden (15)

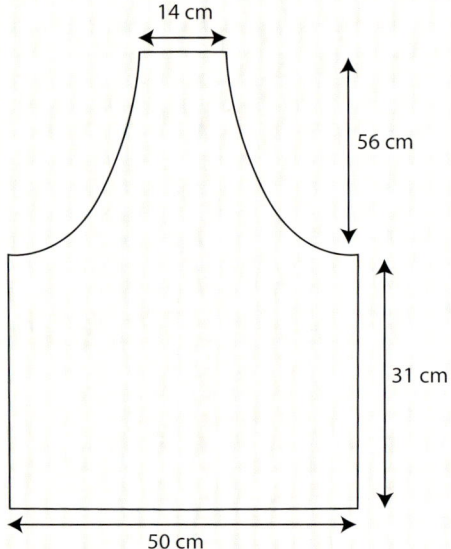

Verarbeitung

1. Das Schnittteil für den Taschenboden (15) von Seite 104 kopieren und laut Beschriftung aus beiden Baumwollstoffen und aus Vlieseline zuschneiden. Die Mittellinien durch kleine Schereneinschnitte am Rand oder mit Kreidestrichen markieren. Die beiden Taschenteile gemäß Zuschnittzeichnung zuschneiden.

2. Den Tragegurt mit den schmalen Enden jeweils rechts auf rechts an die beiden schmalen Enden der Taschenhälften nähen, die Nahtzugaben auseinanderbügeln. Diesen Arbeitsgang für Innen- und Außentasche durchführen.

3. Innen- und Außentasche rechts auf rechts legen und an den gebogenen Außenseiten aufeinandersteppen. Die Nahtzugaben auf 2–3 mm zurückschneiden. Die beiden Taschenteile wenden und die Kanten bügeln.

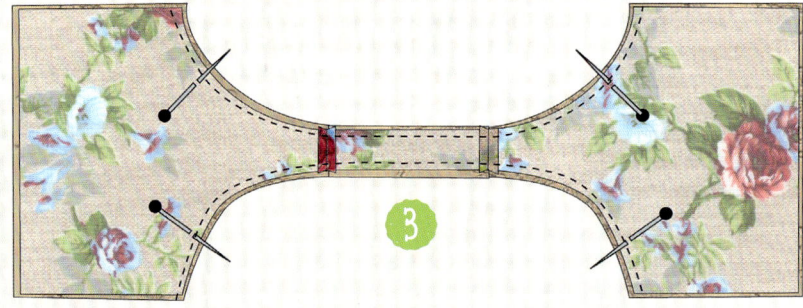

4. Jetzt die Seitennähte schließen. Dazu beide Taschenteile (Außentasche liegt auf Außentasche, Innentasche auf Innentasche) mit Nadeln rechts auf rechts stecken

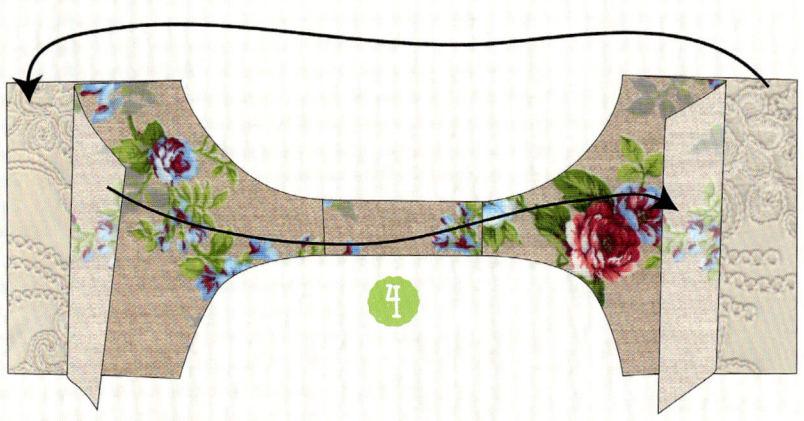

5

6

7

und gemäß Zeichnung aufeinandernähen. Die Nahtzugaben auf 2–3 mm zurückschneiden. Die Tasche anschließend wieder wenden und die Kanten bügeln.

5. Die offenen Kanten von Innen- und Außentasche entlang des Bodens 1–2 mm breit aufeinandernähen.

6. Den äußeren Taschenboden mit der rechten Seite in die Tasche stecken und ringsum festnähen.

7. Den Boden für die Innentasche rechts auf rechts an den äußeren Taschenboden steppen, die Tasche samt Träger liegt dazwischen. Lassen Sie eine ca. 20 cm lange Öffnung zum Wenden offen. Sie sollte sich an einer langen Bodenseite befinden.

8. Die Öffnung mit einigen Handstichen zunähen.

9. Den Tragegurt knapp oberhalb der Naht zu einer ca. 2 cm breiten Falte legen und mit einigen Handstichen festnähen.

10. Die Stoffrosette laut Anleitung auf Seite 81 nähen und am Ansatz des Trägers befestigen.

Utensilo

Platzsparend für kleine Badezimmer

Tagesprojekt

Diese Kulturtasche zum Aufhängen eignet sich besonders zum Verschenken an Menschen mit einem kleinen Badezimmer. Zusammengerollt und mit einem passenden Band umwickelt, dient sie auch als Reisekulturtasche. Sie wird aus beschichteter Baumwolle und Tischdeckenfolie genäht, die in Haushaltswarengeschäften, Stoffabteilungen oder bei Innenausstattern erhältlich ist. Damit die hängende Kulturtasche eine gewisse Stabilität erhält, sollte nach Möglichkeit die Rückseite fixiert werden. Da die Bügeleigenschaften von beschichteten Baumwollstoffen sehr unterschiedlich sind, sollten Sie auf alle Fälle vor dem Aufbügeln der Vlieseline eine Bügelprobe durchführen. Anstatt der beschichteten Baumwolle können Sie natürlich jeden anderen beliebigen Baumwollstoff benutzen.

Material

beschichteter Baumwollstoff, 55 cm x 1,10 m
Vlieseline, 50 cm x 30 cm
durchsichtige Tischdeckenfolie, 30 cm x 30 cm
Zackenlitze, 50 cm
Reißverschluss, 25 cm
Karabinerhaken

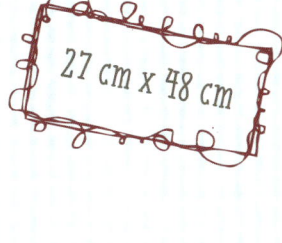

27 cm x 48 cm

Zuschnitt

Baumwollstoff
2-mal Vorder- bzw. Rückseite, 27 cm x 50 cm
1-mal Reißverschlusstasche, 27 cm x 32 cm
3-mal Stoffstreifen, 3,8 cm x 27 cm
1-mal Aufhänger, 4 cm x 8 cm

Tischdeckenfolie
1-mal mittleres Taschenteil, 27 cm x 15 cm
1-mal unteres Taschenteil, 27 cm x 11 cm

Verarbeitung

1. Die einzelnen Schnittteile laut Auflistung zuschneiden. Alle vier Ecken des **vorderen** Utensiloteils mit Hilfe eines Glases abrunden und den überstehenden Stoff abschneiden.

2. Die Rückseite des Utensilos eventuell mit Vlieseline verstärken. Hierzu eine Bügelprobe durchführen und die Angaben des Herstellers beachten.

3. Reißverschlusstasche:
a) Den Reißverschluss unter Zuhilfenahme eines speziellen Reißverschlussfüßchen rechts auf rechts an eine der beiden 27 cm langen Seiten des Stoffrechteckes nähen. Die Kante bügeln und nochmals knappkantig von rechts absteppen.
b) Die andere Seite der Reißverschlusstasche ebenfalls rechts auf rechts an das Reißverschlussband nähen, die Kante überbügeln und von rechts übersteppen. Den entstandenen Stoffring auf links wenden.
c) Das Stoffteil nun so falten, dass oberhalb des Reißverschlusses ca. 3,5 cm Stoff liegen. Die Kante einbügeln und ungefähr 4 cm unterhalb der oberen Stoffkante des Vorderteils feststeppen.

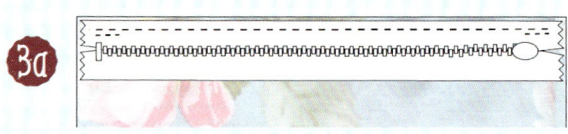

3a

3b

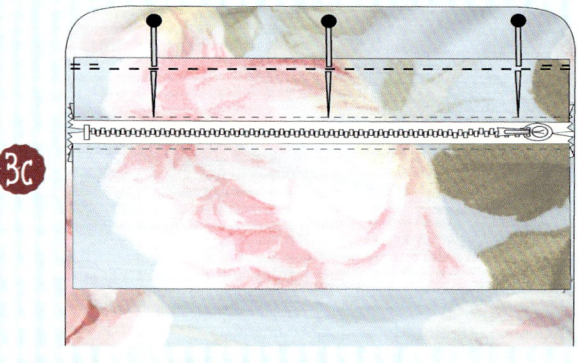

3c

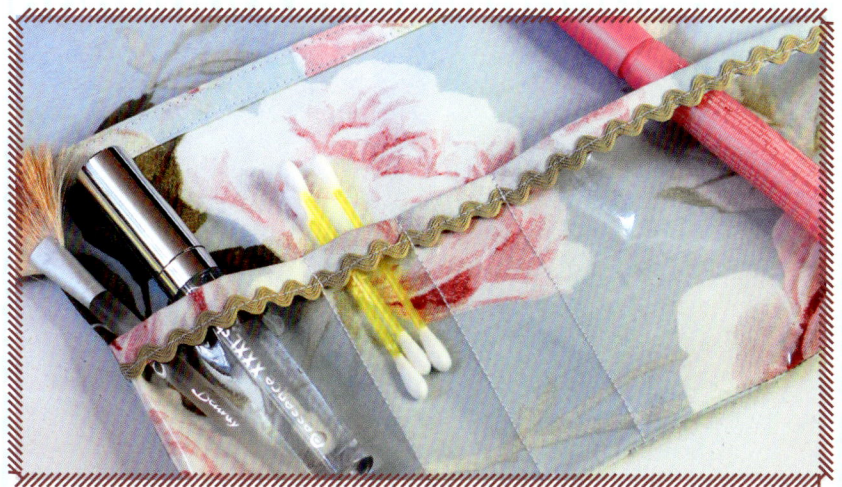

4. Die Baumwollstoffstreifen zum Einfassen der Folientaschen an beiden langen Seiten jeweils 7 mm nach links umbügeln. Dann den Stoffstreifen nochmals links auf links bügeln und anschließend über die offenen Kanten der Folie schieben. Die Stoffstreifen knappkantig aufsteppen. Bei der unteren Tasche ist nur das Einfassen einer Seite notwendig.

5. Über die oberen eingefassten Kanten der Folientaschen eine Zackenlitze nähen.

6. Die mittlere Tasche ungefähr 1 cm unterhalb der Reißverschlusstasche positionieren. Die untere Tasche schließt bündig mit der unteren Kante des Kulturtaschenteils ab. Die untere Ecke der Folientasche entsprechend abrunden. Die beiden Taschen innerhalb der seitlichen Nahtzugaben festnähen.

7. Den Stoffstreifen für die Aufhängung an den langen Seiten jeweils 0,7 cm nach links umbügeln, dann nochmals links auf links falten und knappkantig aufeinandersteppen. Die Stoffschlaufe durch den Karabinerhaken ziehen und mittig an der oberen Kante des Vorderteils festriegeln. Die untere Folienfläche mit einigen Längsnähten in kleinere Fächer unterteilen.

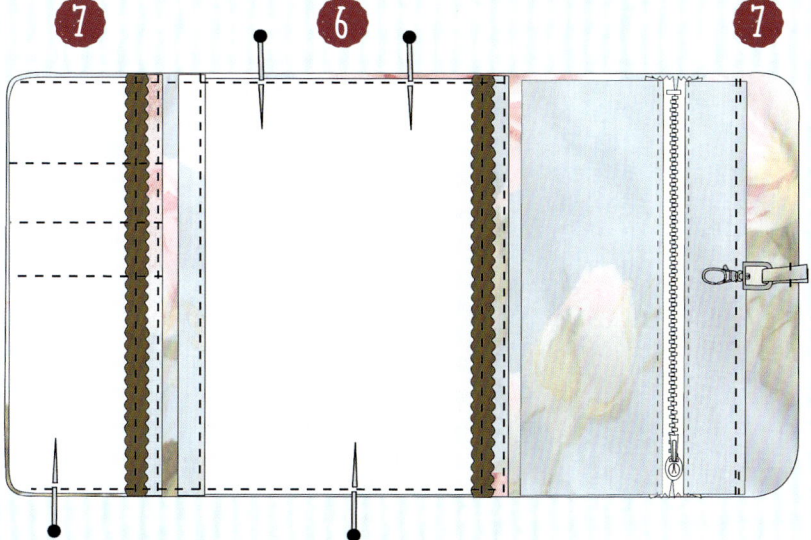

8. Vorderes und hinteres Utensiloteil nun rechts auf rechts legen und die unteren und oberen Ecken entsprechend gleich abrunden. Dann die Kanten ringsum aufeinandersteppen, dabei auf Höhe der Reißverschlusstasche eine ca. 11 cm lange Öffnung zum Wenden offen lassen. Die Nahtzugaben auf 2–3 mm zurückschneiden, die Rundungen bis zur Nahtlinie einschneiden.

9. Die Tasche vorsichtig durch die Öffnung wenden, die Kanten zwischen den Fingern herausrollen und gegebenenfalls vorsichtig durch ein Bügeltuch hindurch flachbügeln. Die Öffnung mit einigen Handstichen zunähen.

Armbänder

Geschenkidee für Freundinnen

Diese Armbänder, ob langes Wickelarmband oder Filzarmband, lassen sich aus kleinen Resten ganz schnell und ohne großen Aufwand herstellen. Als Verschluss dient ein einfacher Karabinerhaken und zur Zierde verwenden Sie kleine Lederbänder, Litzen oder Schmuckbänder. Beim Flechten der Lederbänder können Sie gegebenenfalls kleine Perlen zwischenfassen, das wirkt besonders edel. Die unten stehenden Maßangaben sind nur Richtwerte, sie sind vom Umfang des Handgelenks abhängig und sollten überprüft werden.

Material

Webbänder
Litzen
Baumwollstoffreste
dünne Lederbänder
Perlen
Karabinerverschlüsse

Wickelarmband: 68 cm
Samtarmband: 23 cm

Zuschnitt

Wickelarmband:
1-mal 5 cm x 70 cm

Filz-Samtarmband:
1-mal 4 cm x 25 cm

Verarbeitung

Wickelarmband

Für das lange Wickelarmband legen Sie den Stoffstreifen rechts auf rechts und steppen die langen Kanten aufeinander. Die Nahtzugaben auf 2 mm zurückschneiden und den Streifen wenden. Die beiden kurzen Seiten nach innen einschlagen und mit einigen Handstichen zusammennähen. Ganz zum Schluss die beiden Verschlussteile des Karabinerhakens annähen.

Filz- und Samtarmband

Für die Armbänder aus Filz und Samt schneiden Sie zunächst eine Litze, ein Samtband o.ä. zu und verflechten die Lederbänder so lange miteinander, bis sie 3 cm kürzer als die endgültige Armbandlänge sind. Das Band dann auf den Filz oder Samt stecken und die äußeren Kanten zunächst 1 cm und anschließend nochmal 1,5 cm nach oben einschlagen und feststeppen, die Bandenden dabei mitfassen. Dann den Verschluss von Hand annähen.

Kaffeewärmer

Dieser Kaffeewärmer ist eine tolle Geschenkidee für passionierte Kaffeetrinker und auch ein besonderes Mitbringsel, wenn zum Kaffeetrinken eingeladen wird. Der Umfang des Kaffeewärmers ist von der Größe der Kaffeekanne abhängig und sollte angepasst werden. Geschlossen wird der Kaffeewärmer mit einem einfachen Klettverschluss.

Geschenkidee für Kaffeetrinker

Stundenprojekt

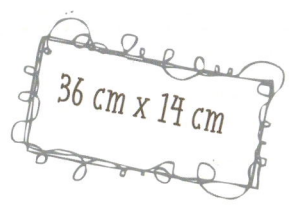

36 cm x 14 cm

Verarbeitung

1. Die Schnittteile entsprechend der Auflistung zuschneiden oder auf die Maße der entsprechenden Kanne abändern. Das Volumenvlies zunächst grob zuschneiden.

2. Die Außenseite des Kaffeewärmers mit Nadeln auf dem Volumenvlies feststecken und in Abständen von 2 cm diagonal absteppen. Anschließend den Stoff nochmals diagonal in entgegengesetzter Richtung absteppen.

3. Die beiden Stoffrechtecke nun rechts auf rechts legen und gemäß Zeichnung aufeinandersteppen, dabei an der unteren Kante eine ca. 10 cm breite Öffnung zum Wenden frei lassen. Die Aussparungen für den Kannengriff passen Sie individuell an. Anschließend die Nahtzugaben auf 2–3 mm zurückschneiden und die Ecken abschneiden. Das Teil durch die Öffnung wenden und die Kanten bügeln.

4. Ober- und unterhalb der Grifföffnung das Klettband, an der oberen und unteren Kante das Zierband (gegebenenfalls von Hand) annähen.

Zuschnitt

2-mal Stoffrechteck, 38 cm x 16 cm
1-mal Volumenvlies, 38 cm x 16 cm

3

4

Material

Baumwollstoff, 40 cm x 35 cm
Volumenvlies, 40 cm x 18 cm
Litze, 34 cm
Klettverschluss, 10 cm

Schürze

Geschenkidee für Spitzenköche

Halbtagesprojekt

Sie sind zu einem netten Abendessen eingeladen und Ihnen fehlt noch die zündende Geschenkidee für den Koch oder die Köchin? Wie wäre es mit einer einfach zu nähenden Schürze, die aus einem Stück Stoff und zwei Bindebändern besteht und die man auch noch am Nachmittag vor der Einladung nähen kann. Wer es sehr eilig hat, verzichtet auf die aufgesetzte Tasche und kauft fertige Baumwollbänder zum Zubinden der Schürze.

bis Größe 44

Material

Baumwollstoff, 1 m x 1,40 m

Zuschnitt

Schürzenteil, siehe Schnittzeichnung
2-mal Schrägband/Armausschnitt, 4 cm x Armausschnittmaß
2-mal Bindebänder, 8 cm x 70 cm
1-mal Halsband, 56 cm x 5 cm
1-mal Tasche, 20 cm x 15 cm
1-mal Rüsche/Tasche, 30 cm x 8 cm

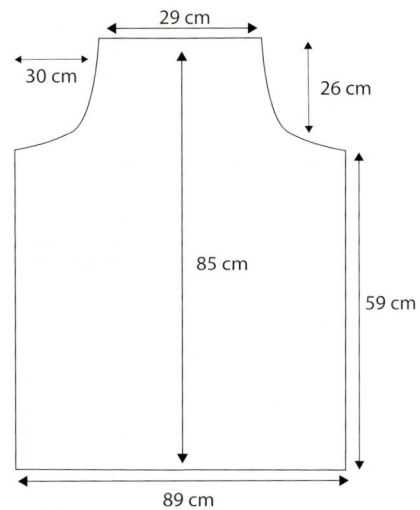

Verarbeitung

1. Alle Schnittteile laut Maßangaben zuschneiden. Am Schürzenteil unter Zuhilfenahme eines Tellers oder einem anderen großen runden Gegenstand eine Rundung für den Armausschnitt anzeichnen und ausschneiden.

2. Armausschnitte: Die Länge des Armausschnitte ausmessen und die beiden 4 cm breiten Schrägbänder entsprechend lang zuschneiden. Eine lange Seite des Schrägbandes jeweils versäubern. Dann den Schrägstreifen mit der offenen Schnittkante rechts auf rechts an den Armausschnitt steppen, die Nahtzugaben auf 2–3 mm zurückschneiden, die Rundungen gegebenenfalls vorsichtig bis zur Nahtlinie einschneiden. Anschließend den Streifen nach hinten umklappen, die Kante bügeln und den Armausschnitt füßchenbreit absteppen.

3. Die obere Kante der Schürze 3 cm nach links umbügeln und 2,5 m breit absteppen.

4. Den Saum 4 cm breit nach links umbügeln und 3,5 cm breit absteppen.

5. Die beiden seitlichen Kanten zweimal jeweils 1 cm nach links umbügeln und ebenfalls füßchenbreit feststeppen.

6

7

7 **8** **8**

6. Für das Halsband sowie für die beiden Bindebänder werden die langen Seiten jeweils 1 cm nach links gebügelt. Dann das Band nochmals der Länge nach falten und beide Seiten knappkantig absteppen.

7. Aufgesetzte Tasche:
a) Den Stoffstreifen für die Rüsche der Länge nach links auf links falten und bügeln. An der unteren offenen Kante einen Reihfaden aus festem Zwirn oder Knopflochgarn einziehen und den Stoffstreifen so weit einkräuseln, bis eine Gesamtlänge von 20 cm erreicht ist. Die Kräusel gleichmäßig verteilen.
b) Den Stoffstreifen rechts auf rechts an die obere Taschenkante steppen. Die Nahtzugaben ins Taschenteil bügeln und knappkantig übersteppen.
c) Die übrigen Taschenkanten ringsum 1 cm nach links umbügeln, dann die Tasche mittig auf die Schürze stecken und knappkantig aufnähen. Der Abstand der Tasche zur oberen Kante beträgt 8 cm.

8. Die Bindebänder sowie das Halsband zunächst 1,5 cm von den entsprechenden Kanten entfernt aufnähen, dann nach vorne falten und nochmals übersteppen. So liegt die offene Kante des Bandes zwischen den beiden Nähten.

Sammelmappe

Geschenkidee für Sammler

Eine tolle Geschenkidee für Menschen mit Sammelleidenschaft! Seien es nun Kochrezepte, Fotos oder wichtige Dokumente, in diesem beklebten Sammelordner findet alles seinen Platz und nichts geht verloren. Kaufen kann man diese Pappordner in Schreibwarengeschäften in den üblichen Standard-farben. Durch einen hübschen Stoff lassen sie sich individuell aufpeppen, worüber sich der Beschenk-te sicherlich freuen wird. In manchen Fällen wird es nötig sein die Pappklappen im Inneren zu lösen, bevor man sie mit Stoff bekleben kann. Ansonsten werden alle Kanten nach dem Aufkleben mit einem Klebestift von einer Zackenlitze überdeckt. Besonders schön wirkt die Sammelmappe, wenn zum Schließen der Mappe ein breites Gummiband mit Stoff bezogen wird. Das Gummiband kleben Sie mit einer Heißklebepistole im Inneren der Mappe fest. Ein kleiner Eyecatcher ist die Rosette, die aus Verpackungsschnur gerollt, dann zusammengeklebt und anschließend auf dem Gummiband befestigt wird. Spielen Sie mit Bändern, gerissenen Stoffstreifen und Stempeln. Je individueller Sie das Ge-schenk gestalten, desto größer die Freude.

Material

Sammelpappe
Stoffreste
Zackenlitze
Verpackungsband
Gummiband
Stoffreste

24 cm x 35 cm

Portemonnaie

Viel Platz für für Geld und Karten

Über dieses Portemonnaie wird sich jede Frau freuen, denn hier finden Geldscheine, Kreditkarten und Münzgeld ihren sicheren Platz. Es wird aus drei unterschiedlichen Stoffresten genäht, die zuvor mit Vlieseline beklebt wurden. Geschlossen wird das Portemonnaie mit einem Klettverschluss, welcher auf der Innenseite aufgenäht wird. Damit es lange tadellos sauber bleibt, sollten Sie den Stoff oder das fertige Schmuckstück mit Imprägnierspray behandeln. Die Profis nähen es aus Wachstuch oder beschichteter Baumwolle.

Material

Baumwollstoffreste
Reißverschluss, 18 cm
feste Vlieselinereste
Klettband, 2 cm x 7,5 cm

22 cm x 11 cm

Zuschnitt

Baumwollstoff
2-mal Außenteil, 24 cm x 12 cm
1-mal mittleres Außenteil, 24 cm x 5 cm
1-mal Innenteil, 24 cm x 25 cm
1-mal Reißverschlusstasche, 20 cm x 18 cm
1-mal vorderes Kartenfach, 20 cm x 11 cm
1-mal mittleres Kartenfach, 20 cm x 15 cm
1-mal hinteres Kartenfach, 20 cm x 18 cm
1-mal Verschluss, 10 cm x 8 cm
2-mal Einfassstreifen, 3,8 cm x 10,5 cm
1-mal Einfassstreifen, 3,8 cm x 22 cm

Vlieseline
2-mal Außenteil, 24 cm x 12 cm
1-mal mittleres Außenteil, 24 cm x 5 cm
1-mal Innenteil, 24 cm x 25 cm
1-mal Verschluss, 10 cm x 8 cm
1-mal Kartenfach 20 cm x 11 cm
1-mal Kartenfach, 20 cm x 15 cm
1-mal Kartenfach, 20 cm x 18 cm

Verarbeitung

1. Alle Schnittteile laut Auflistung zuschneiden und die linken Stoffseiten mit Vlieseline bekleben.

2. Außenseite
Das mittlere Außenteil rechts auf rechts an die beiden großen Außenteile steppen. Die Nahtzugaben auseinanderbügeln und die Nähte beidseitig 1 mm breit von rechts übersteppen.

3. Karteneinschub
a) Die drei Schnittteile für die Kartenfächer links auf links bügeln. Dann das mittlere Schnittteil 2,7 cm von der unteren Kante entfernt auf das hintere Einschubteil steppen, damit die Kreditkarten nicht nach unten durchrutschen.
b) Dann das vordere Einschubfach kantengleich auf die beiden anderen Schnittteile legen und ebenfalls aufeinandersteppen.

c) Nun die Mittellinie des Karteneinschubs ausmessen und die Teile aufeinandersteppen. So entstehen vier Einschubfächer.
d) Die drei Stoffstreifen zum Einfassen des Kartenteils an den langen Seiten zunächst 7 mm nach links umbügeln, dann den Streifen nochmals links auf links falten und mittig überbügeln.
e) Die beiden Streifen dann wieder aufklappen und innerhalb der Bügelfalte rechts auf rechts an das Kartenschnittteil steppen, die Nahtzugaben an den oberen Kanten 1 cm nach links einschlagen. Nach dem Festnähen die Stoffstreifen um die Kanten legen und mit einigen Handstichen an der Rückseite festnähen. Am langen Streifen der unteren Kante die Enden noch nicht einschlagen.
f) Das Kartenteil nun mittig und 2 cm von der unteren, 24 cm langen Kante des Innenteils aufsteppen. Die beiden überstehenden Enden des Stoffstreifens an der unteren Kante vor dem Aufsteppen nach innen einschlagen.
g) Nun das Kartenfach ringsum 1–2 mm breit aufsteppen.

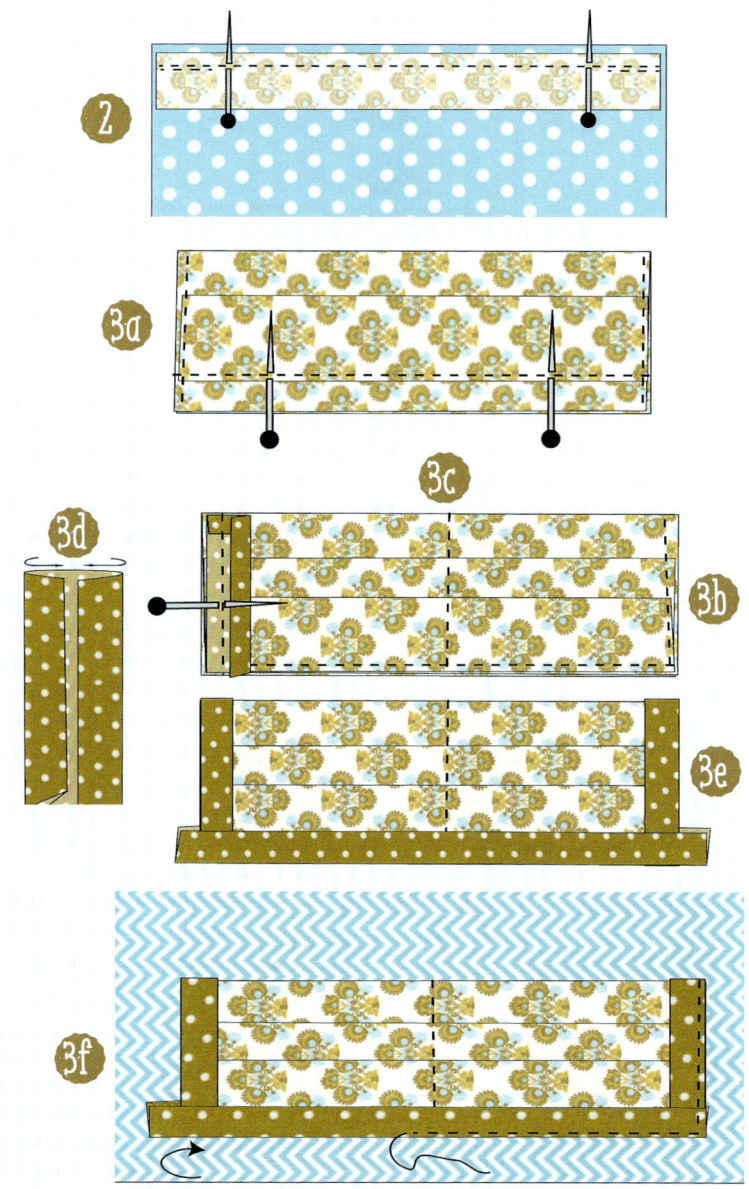

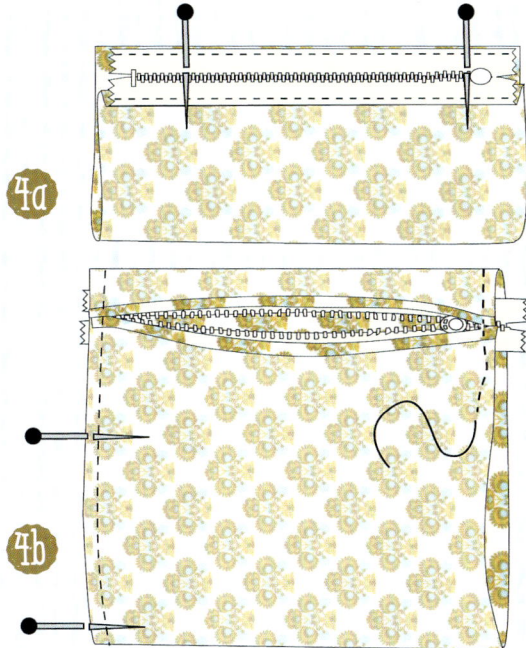

4a

4b

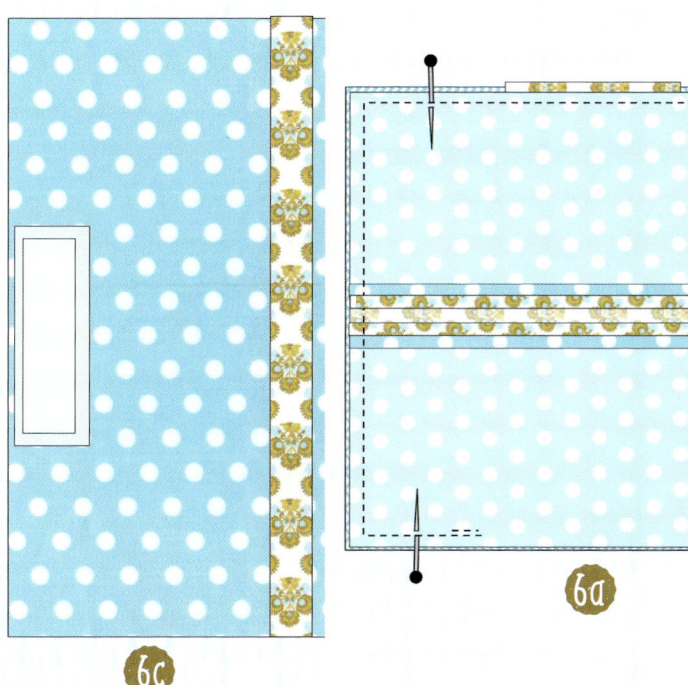

6c

6a

4. Reißverschlusstasche

a) Den Reißverschluss rechts auf rechts an die beiden 20 cm langen Kanten steppen. Hierzu ein spezielles Reißverschlussfüßchen benutzen. Die Kanten bügeln und den Reißverschluss nochmals knappkantig von rechts absteppen.
b) Dann das Stoffteil rechts auf rechts falten und den Reißverschluss so positionieren, dass er etwa 1,5 cm von der oberen Kante entfernt liegt. Den Reißverschluss öffnen! Die beiden Seiten rechts auf rechts aufeinandersteppen. Die Reißverschlusstasche anschließend wenden und die Kanten bügeln.
c) Die Reißverschlusstasche mittig und 3 cm von der unteren Stoffkante entfernt auf das innere Taschenteil steppen.

5. Verschluss

Das fixierte Stoffrechteck für den Verschluss (10 cm x 8 cm) rechts auf rechts falten und entlang der schmalen Seiten aufeinandersteppen. Die Nahtzugaben zurückschneiden, die Ecken abschneiden. Das Teil wenden und die Kanten bügeln. Die rauhe Seite des Klettverschlusses knappkantig aufsteppen. Den Verschluss mittig, innerhalb der Nahtzugaben auf dem Innenteil festnähen.

6. Fertigstellung

a) Innen- und Außenseite des Portemonnaies nun rechts auf rechts legen und ringsum aufeinandersteppen, dabei an der gegenüberliegenden Seite des Verschlusses eine ca. 10 cm breite Öffnung zum Wenden frei lassen.
b) Die Nahtzugaben auf 2–3 mm zurückschneiden, die Ecken schräg abschneiden. Das Teil durch die Öffnung wenden und die Ecken mit einer Schere herausdrücken. Die Kanten bügeln. Die Öffnung mit einigen Handstichen zunähen.
c) Die flauschige Seite des Klettverschlusses mittig ausgerichtet auf die Außenseite des Portemonnaies nähen.

Passhüllen

Wenn Sie noch schnell ein kleines Abschiedsgeschenk für Reisende brauchen, empfiehlt sich das Nähen einer solchen Passhülle. Die Motive können Sie per Download von den jeweiligen Webseiten (Downloadlink siehe Schnittmusterseiten) herunterladen, dann auf spezielle Transferfolie ausdrucken, auf den Stoff aufbügeln, ausschneiden und sofort mit dem Nähen beginnen. Wer möchte, kann natürlich auch seine eigene Hülle aus einem farbenfrohen Stoff nähen oder einen einfarbigen Stoff durch eigene Motiven individualisieren.

Geschenkidee für Vielreisende

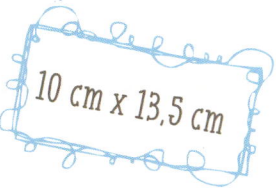

10 cm x 13,5 cm

Verarbeitung

1. Den Schriftzug downloaden (siehe Downloadlink auf den Schnittmusterseiten), auf Transferfolie ausdrucken und laut Herstellerangaben auf einen festen Baumwollstoff aufbügeln und zuschneiden.
Alternativ einen gemusterten Baumwollstoff (26 cm x 18 cm) zuschneiden und mit Vlieseline verstärken. Die Kanten versäubern.

2. Die beiden seitlichen Stoffkanten rechts auf rechts legen und laut Zeichnung aufeinandersteppen. Zur Kontrolle unbedingt den Reisepass einlegen, da es hier je nach Stoffqualität zu Abweichungen kommen kann. Die Nahtzugaben an den Ecken abschneiden und das Teil wenden. Die Ecken vorsichtig mit einer Schere herausdrücken und die Kanten vorsichtig durch ein Bügeltuch überbügeln.

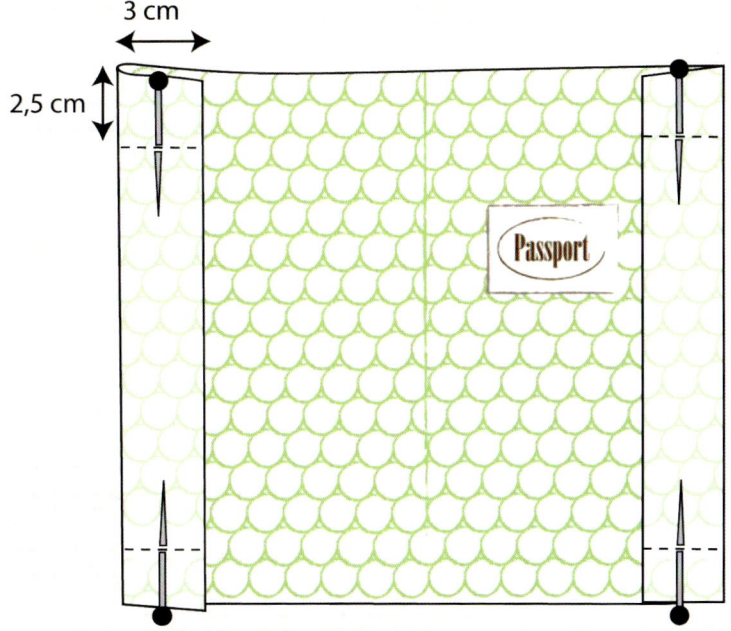

3 cm

2,5 cm

Passport

Material/Zuschnitt

Baumwollstoff, 26 cm x 18,5 cm

Stoffherzen

Ganz nach dem Motto „Ein Herz sagt mehr als tausend Worte" können Sie mit nur einer Naht eines dieser Herzen nähen und es durch Sticken, dem Aufnähen von Bändern und Applikationen kreativ und individuell gestalten.

Geschenkidee für Liebgewonnene

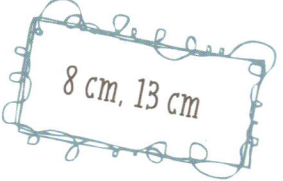

8 cm, 13 cm

Verarbeitung

1. Die Schnittmuster (17 oder 18) von Seite 109 kopieren und ausschneiden. Je nach gewünschter Größe die Herzform auf den Stoff legen und das Herz zweimal zuschneiden. Für die Applikation benötigen Sie das kleine Herz in einfacher Ausführung, ohne Nahtzugaben.

2. Wollen Sie das Herz mit Stickereien oder einer Applikation verzieren, sollten Sie die linke Stoffseite des großen Herzens mit Vlieseline bekleben.

3. Je nach Wunsch nun einen Namen, den Schriftzug „Für dich" oder ein kleines Herz auf den Stoffrest sticken oder einfach mit der Nähmaschine im Zick-Zack-Stich übernähen.

4. Die beiden Herzteile rechts auf rechts legen und entlang der Außenkanten aufeinandersteppen. Hierbei an einer Seite eine ca. 4 cm lange Öffnung zum Wenden frei lassen. Die Nahtzugaben zurückschneiden, das Herz durch die Öffnung wenden und die Kanten bügeln. Das Herz mit Füllwatte ausstopfen und die Öffnung mit einigen Handstichen zunähen.

5. Nun entlang der äußeren Kante, quer oder diagonal über das Herz, eine kleine Bommellitze oder Spitze aufnähen. Zum Aufhängen ein ca. 20 cm langes Band an die obere Kante des Herzens nähen.

Material

Stoffreste
Vlieselinereste
Stickgarn
Spitzen, Bänder, Litzen, Applikationen
Füllwatte

Zuschnitt

2-mal großes Herz (17)
2-mal kleines Herz (18)

Säckchen

Geschenkidee für kleine Sammler

Halbtagesprojekt

Diese kleinen Säckchen lassen sich aus wenigen Stoffresten und einem Reißverschluss schnell nähen. Hier finden Kleinigkeiten wie Spielzeug, Geld, Schlüssel oder anderer Kleinkram jeglicher Art ihren Platz. Durch die Schlaufe an der oberen Kante samt Karabinerhaken kann man sie an Gürtelschlaufen oder im Inneren von größeren Taschen befestigen. Die Schnittkanten der Vorderseite werden mit Schrägband eingefasst, unter die dann der Reißverschluss genäht wird. An den unteren Kanten werden Ecken abgenäht, so erhält das Säckchen seine Form.

Material

fester Baumwollstoff, 20 cm x 30 cm
Reißverschluss, 12 cm

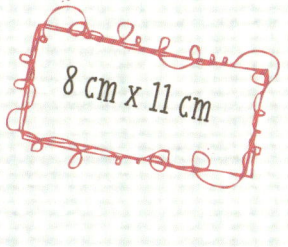

8 cm x 11 cm

Zuschnitt

1-mal Stoffrechteck/Beutelteil, 20 cm x 14 cm
2-mal Einfassstreifen, 3,4 cm x 14 cm
1-mal Einfassstreifen, 3,4 cm x 9 cm
1-mal Stoffstreifen/Schlaufe, 3,8 cm x 12 cm

Verarbeitung

1. Die 14 cm langen Stoffstreifen zum Einfassen des Reißverschlussbereichs an den langen Kanten zunächst 7 mm nach links umbügeln, dann den Streifen nochmals der Länge nach links auf links bügeln.

2. Die vorgebügelten Streifen um die 14 cm langen Seiten des Beutelteils schieben und knappkantig feststeppen.

3. Den Reißverschluss unter die eingefassten Kanten stecken und knappkantig festnähen. Hierzu ein spezielles Reißverschlussfüßchen einsetzen, mit dem Sie so dicht wie möglich an die Reißverschlusszähne kommen.

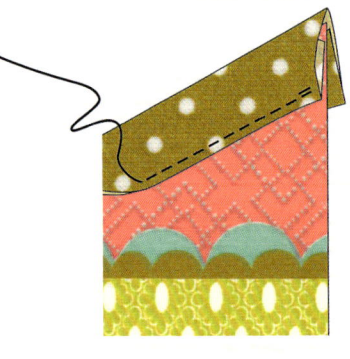

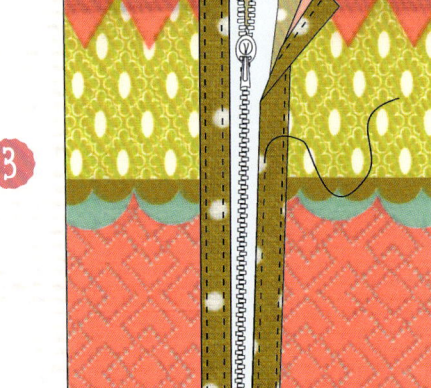

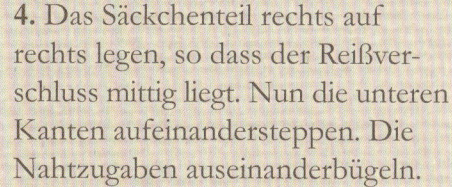

4. Das Säckchenteil rechts auf rechts legen, so dass der Reißverschluss mittig liegt. Nun die unteren Kanten aufeinandersteppen. Die Nahtzugaben auseinanderbügeln.

5. Die Ecken laut Zeichnung 4,5 cm breit absteppen. Das Teil wenden.

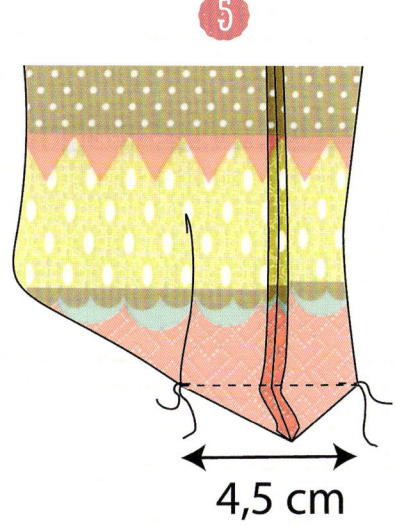

4,5 cm

6. Den Stoff an den Seiten der Oberkante so in Falten legen, dass sich eine Länge von ca. 7 cm ergibt. Die Stofflagen knappkantig aufeinandersteppen.

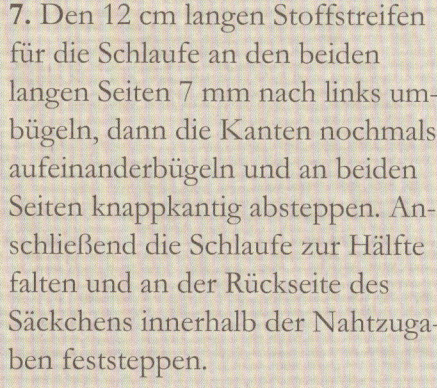

7. Den 12 cm langen Stoffstreifen für die Schlaufe an den beiden langen Seiten 7 mm nach links umbügeln, dann die Kanten nochmals aufeinanderbügeln und an beiden Seiten knappkantig absteppen. Anschließend die Schlaufe zur Hälfte falten und an der Rückseite des Säckchens innerhalb der Nahtzugaben feststeppen.

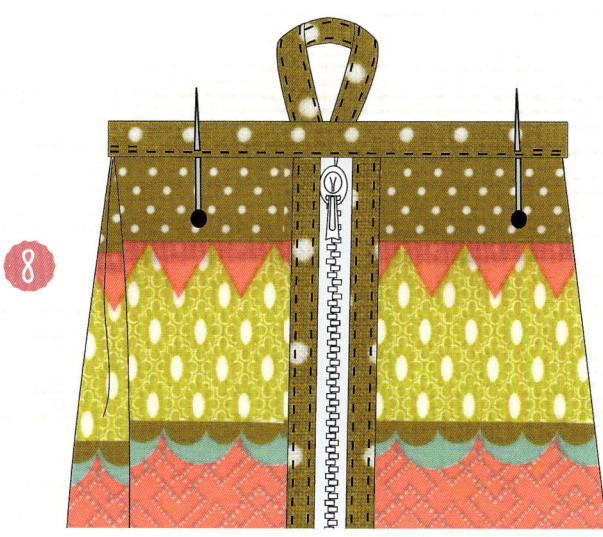

8. Die obere, in Falten gelegte und abgesteppte Kante wie oben beschrieben mit dem verbleibenden Schrägband einfassen, Bandanfang und -ende ca. 1 cm nach links einschlagen.

Geschenkidee für Kreative

In diesen Handarbeitsbeutel passen Wolle, Stricknadeln, Häkelnadeln und all die anderen Kleinutensilien, die Kreative immer zur Hand haben sollten. Vielleicht handelt es sich bei diesem Modell nicht unbedingt um das Einstiegsmodell für Nähanfänger, aber mit etwas Ehrgeiz wird Ihnen die Umsetzung mit Sicherheit gelingen. Die Beschenkte wird lange Zeit Ihre Freude daran haben.

37 cm x 22 cm

Material

fester Baumwollstoff/Beutelteil, 80 cm x 50 cm
dünner Baumwollstoff/Tunnel etc., 80 cm x 25 cm
dünner Baumwollstoff/Einsatz, 80 cm x 17 cm
Volumenvlies, 80 cm x 25 cm
Spitze, 80 cm
Kordel, 2,50 m
Wäscheknopf
Sicherheitsnadel

Zuschnitt

Baumwollstoff 1/Beutel
4-mal Beutelteil, 39 cm x 24 cm
1-mal aufgesetzte Tasche, 17 cm x 11 cm
2-mal Tragegriff, 10 cm x 23 cm

Baumwollstoff 2/Tunnel
1-mal Einfassstreifen/Beutel, 80 cm x 5 cm
2-mal Tunneldurchzug, 39 cm x 6 cm
1-mal Einfassstreifen/aufgesetzte Tasche,
4-cm x 17 cm
1-mal Stoffstreifen/Rosette, 7 cm x 25 cm
1-mal aufgesetzte Tasche, 17 cm x 11 cm

Baumwollstoff 3/Einsatz
2-mal Stoffeinsatz, 39 cm x 14 cm

Volumenvlies
2-mal Beutelteil, 39 cm x 24 cm

1-mal Spitze/Stoffeinsatz, 80 cm x 5 cm
1 Kordel, 1 m

Verarbeitung

1. Alle Schnittteile gemäß oben
stehender Auflistung zuschneiden.
Dann die beiden äußeren Beutelteile
mit der linken Seite auf das Volumenvlies aufstecken und diagonale Linien
in Abständen von 3 cm absteppen.
Setzen Sie hierfür das Führungslineal
Ihrer Nähmaschine ein. Nach dem
Steppen der Linien in eine Richtung
das Nähgut drehen und Stepplinien
im rechten Winkel zu den bereits
bestehenden Linien nähen.

2. Aufgesetzte Tasche
a) Die beiden Stoffstücke für die
aufgesetzte Tasche rechts auf rechts
legen und die unteren Ecken mit Hilfe
eines Glases abrunden.
b) Dann beide Teile rechts auf rechts
aufeinanderstepppen. Die Nahtzugaben auf 2 mm zurückschneiden, das
Teil wenden, die Rundungen vorsichtig mit einer Scherenspitze herausdrücken und bügeln.

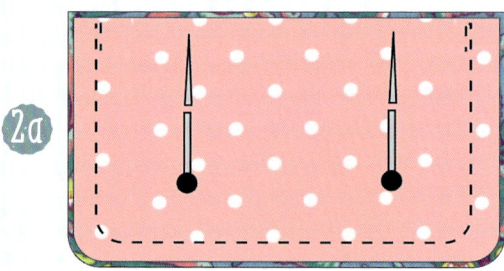

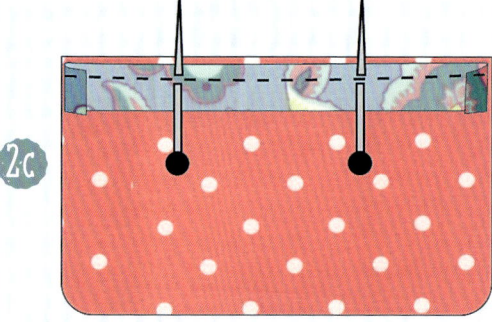

c) Den an einer langen Seite versäuberten Einfassstreifen
rechts auf rechts an die obere Taschenkante steppen, dabei
Anfang und Ende jeweils 1 cm nach links einschlagen. Den
Streifen um die Kante legen und knappkantig absteppen.
d) Die Tasche mittig und ca. 3,5 cm unterhalb der oberen
Stoffkante des vorderen Beutelteils aufsteppen.

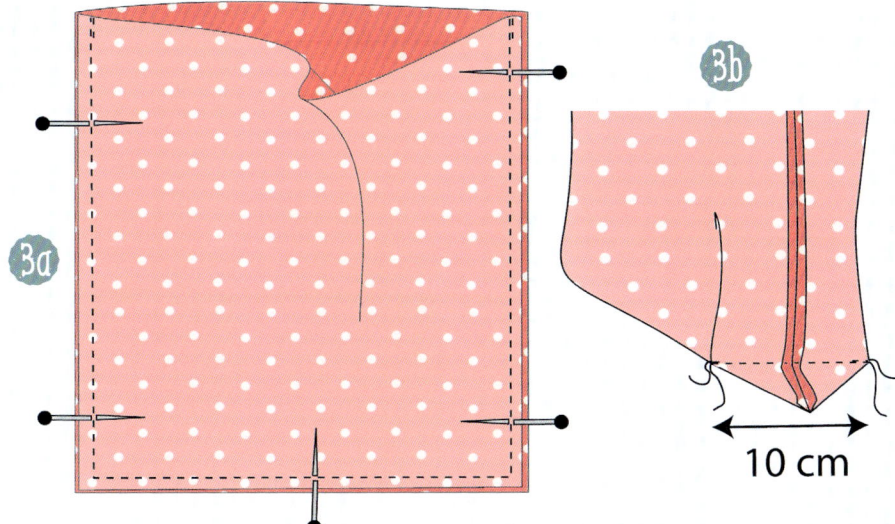

3. Beutel

a) Die beiden wattierten Beutelteile rechts auf rechts legen und die beiden Seitennähte sowie die untere Kante aufeinandersteppen. Die Nahtzugaben auseinanderbügeln.

b) Dann die Ecken laut Zeichnung 10 cm breit absteppen. Das Innenteil nun genauso nähen, dann links auf links in den Beutel stecken und entlang der oberen Kante knappkantig aufeinandernähen.

c) Den Umfang der oberen Beutelkante messen und den Stoffstreifen zum Einfassen entsprechend dieser Länge rechts auf rechts zum Ring zusammennähen. Die überschüssige Länge abschneiden. Den Stoffstreifen 1 cm breit rechts auf rechts an die obere Kante steppen, dann nach innen einschlagen und knappkantig feststeppen.

4. Griffe

a) Die beiden Stoffstreifen für die Griffe an den langen Seiten jeweils 1 cm nach links umbügeln. Dann den Streifen über die gesamte Länge nochmals links auf links falten und knappkantig aufeinandersteppen. Auch die gegenüberliegende Seite nochmals absteppen.

b) Die Griffe 3 cm weit ins Beutelinnere schieben und ca. 1,5 cm links und rechts der Seitennaht festriegeln.

5. Stoffeinsatz/Tunneldurchzug

a) Den inneren Durchmesser des fertigen Beutels messen und die beiden Schnittteile für den Stoffeinsatz entsprechend diesem Maß aneinandernähen. Überschüssigen Stoff abschneiden.

b) Die Stoffstreifen für den Tunnelzug auf die gleiche Länge wie den Stoffeinsatz zuschneiden und an den kurzen Seiten rechts auf rechts aufeinandersteppen, dabei an der unteren Kante zunächst 1,5 cm zunähen, dann eine Öffnung von ca. 1,5 cm frei lassen und anschließend den restlichen Teil der Naht schließen.

c) Den Stoffstreifen für den Tunneldurchzug nun über die gesamte Länge links auf links bügeln.

d) Jetzt den Stoffstreifen rechts auf rechts an die obere Kante des Stoffeinsatzes nähen, die Kante bügeln und nochmals knappkantig absteppen.

e) Die Spitze zum Ring schließen und knappkantig an die obere Tunnelkante steppen.

f) Ganz zum Schluss den fertigen Stoffeinsatz ca. 3 cm weit in den Beutel schieben, mit Nadeln feststecken und mit einem Reihfaden festnähen. Anschließend von der äußeren Beutelkante aus mit der Maschine feststeppen.

g) Die beiden Kordeln unter Zuhilfenahme einer Sicherheitsnadel einziehen. Beginnen Sie mit dem Einziehen an einer Seite und führen Sie die Kordel auch an dieser Seite wieder aus dem Nähgut heraus. Die zweite Kordel wird auf der gegenüberliegenden Seite eingezogen.

1,5 cm   1,5 cm

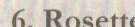

6a

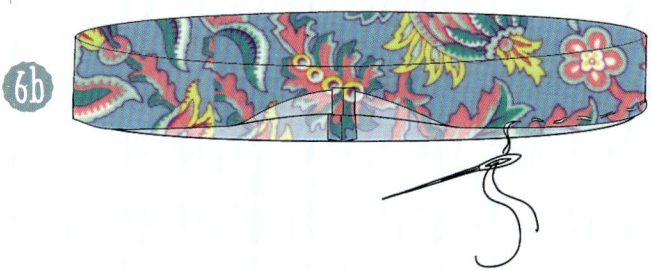

6b

6. Rosette

a) Den Stoffstreifen zum Ring zusammennähen und die Kanten links auf links aufeinanderbügeln.

b) Mit einem doppelt gelegten Zwirn oder mit Knopflochgarn die untere Kante des Streifens einreihen und den Faden so stramm wie möglich zusammenziehen. Die Fadenenden verknoten.

c) Die Rosette zusammen mit einem Knopf mittig auf die Tasche aufnähen.

6c

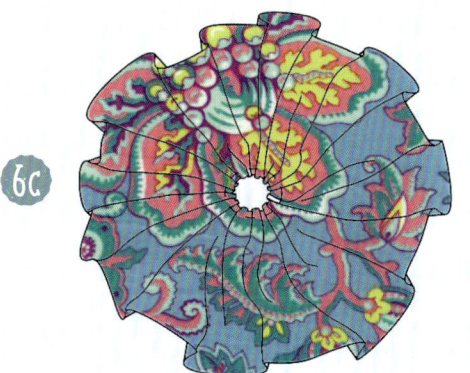 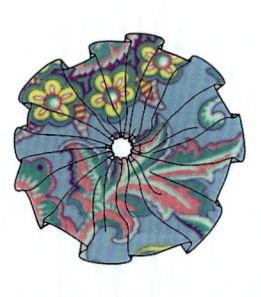 

Haarband

Geschenkidee für Mädchen

Halbtagesprojekt

Dieses Haarband wird mit Sicherheit jedem Mädchen gefallen! Hier finden farbenfrohe Stoffreste eine sinnvolle und hübsche Verwendung. Im Nacken wird es durch ein 2,5 cm breites Gummiband gehalten. Da die Qualität und das Dehnungsverhalten von Gummibändern sehr unterschiedlich sein kann, sollten Sie die Länge des Gummibandes in der Materialauflistung nur als Richtwert ansehen und eventuell auf den Kopfumfang des Kindes abändern.

Material

Baumwollstoffreste
feste Vlieseline
Gummiband, 2,5 cm x 15 cm
Knopf
Sicherheitsnadel

Kopfumfang:
47 cm - 52 cm

Zuschnitt

2-mal Haarband (16)
1-mal Haarband/Vlieseline (16)
1-mal Gummibanddurchzug, 25 cm x 8 cm
1-mal große Rosette, 6 cm x 30 cm
1-mal kleine Rosette, 4,5 cm x 23 cm

Verarbeitung

1. Das Schnittmuster (16) von Seite 106 kopieren, ausschneiden und aus Stoff und Vlieseline zuschneiden. Die Stoffrosette und den Gummibanddurchzug laut Auflistung zuschneiden.

2. Die äußere Hälfte des Haarbandes mit Vlieseline bekleben. Hierzu die aufgedruckten Herstellerhinweise beachten.

3. Die beiden Haarbandteile rechts auf rechts legen und entlang der Längskanten aufeinandernähen. Die Nahtzugaben auf 2–3 mm zurückschneiden. Das Schnittteil durch eine der beiden schmalen Seiten wenden. Hierzu Knopflochgarn oder einen Zwirn an eine Schmalseite nähen, die Nadel mit der stumpfen Seite voran durch das Haarband führen und durch vorsichtiges Ziehen wenden. Nach dem Wenden die Kanten bügeln.

4. Das rechteckige Schnittteil für den Gummibanddurchzug rechts auf rechts falten und an der langen Kante aufeinandernähen. Dieses Schnittteil wie oben beschrieben wenden.

5. Eine Sicherheitsnadel an einem Ende des Gummibandes befestigen und durch den verstürzten Stoffstreifen ziehen. An einer Schmalseite die beiden Stofflagen und das Gummiband aufeinander festnähen. Dann das Gummiband so weit dehnen, dass es genauso lang ist wie der Stoffstreifen. Auch diese Kanten nun aufeinandersteppen.

6. Am Haarband nun die Nahtzugaben der schmalen Kanten 1 cm weit nach innen einschlagen.

7. Die Stoffkräusel des Gummibandteiles an den Enden etwas zur Seite schieben, dann das Gummiband ca. 1 cm tief in das Haarbandteil schieben und knappkantig feststeppen.

8. Die Anleitung zur Herstellung der Stoffrosette finden Sie auf Seite 81.

Stoffboxen

Schneiden Sie ein Stoffrechteck zu, welches in der Höhe 5 cm und im Umfang 2 cm breiter ist als die Schachtel. Nach dem Zusammennähen der kurzen Seitennaht den Stoff über die Schachtel ziehen, an der oberen Kante 3 cm nach innen einschlagen und mit einem Klebestift festkleben. An der unteren Kante den Stoff an den Ecken zu kleinen Falten legen und am Boden festkleben.Die Größe des Stoffrestes für den Deckel stimmen Sie auf die Deckelhöhe ab, legen ihn an den Ecken ebenfalls in Falten und kleben ihn an der Deckelinnenseite fest.Wie Sie die Stoffblume nähen, lesen Sie auf Seite 81.

Material

Pappschachtel
Stoffreste
Klebestift

Kopfhörertäschchen

Geschenkidee für Musikfans

Halbtagesprojekt

Diese Kopfhörertäschchen, ob rund oder eckig, sind tolle Mitbringsel für Musikfans jeden Alters. Kopfhörer werden in Hosentaschen leicht geknickt oder schmutzig. Durch die angenähte Schlaufe samt Karbinerhaken lässt sich das Täschchen an der Gürtelschlaufe oder an einer Tasche festmachen und ist somit stets dabei.

Material

Baumwollstoffreste
Vlieseline aus Baumwolle
Reißverschluss, 12 cm
Schrägbandreste, ca. 30 cm

Kneifzange
Knopflochgarn/Zwirn
Karabinerhaken

10 cm x 10 cm
und Ø 10 cm

Zuschnitt

Baumwollstoff
2-mal Vorderseite (21) oder (23)
1-mal Rückseite (20) oder (22)

Vlieseline aus Baumwolle
2-mal Vorderseite (21) oder (23)
1-mal Rückseite (20) oder (22)

Verarbeitung

1. Die Schnittteile je nach gewünschtem Modell rund (20/21) oder eckig (22/23) von Seite 107 kopieren und aus den jeweiligen Materialien zuschneiden.

2. Auf die linke Stoffseite der drei Schnittteile Vlieseline aufbügeln.

3. Die geraden Kanten der beiden Vorderteile mit Schrägband einfassen. Dazu den vorgebügelten Stoffstreifen über die offenen Stoffkanten schieben und knappkantig feststeppen.

4. Den Reißverschluss unter die eingefassten Kanten heften und knappkantig feststeppen. Die überschüssige Länge des Reißverschlusses mit einer Kneifzange oder einer scharfen Schere abschneiden und das Reißverschlussende mit Zwirn oder Knopflochgarn und einigen Handstichen übernähen.

5. Für den Karabinerhaken nun aus den Schrägstreifenresten einen kleinen Aufhänger nähen. Hierzu das gefaltete Schrägband an beiden Seiten knappkantig übersteppen. Das Band dann inklusive Karabinerhaken auf die Vorderseite des Kopfhörertäschchens stecken und innerhalb der Nahtzugabe festriegeln.

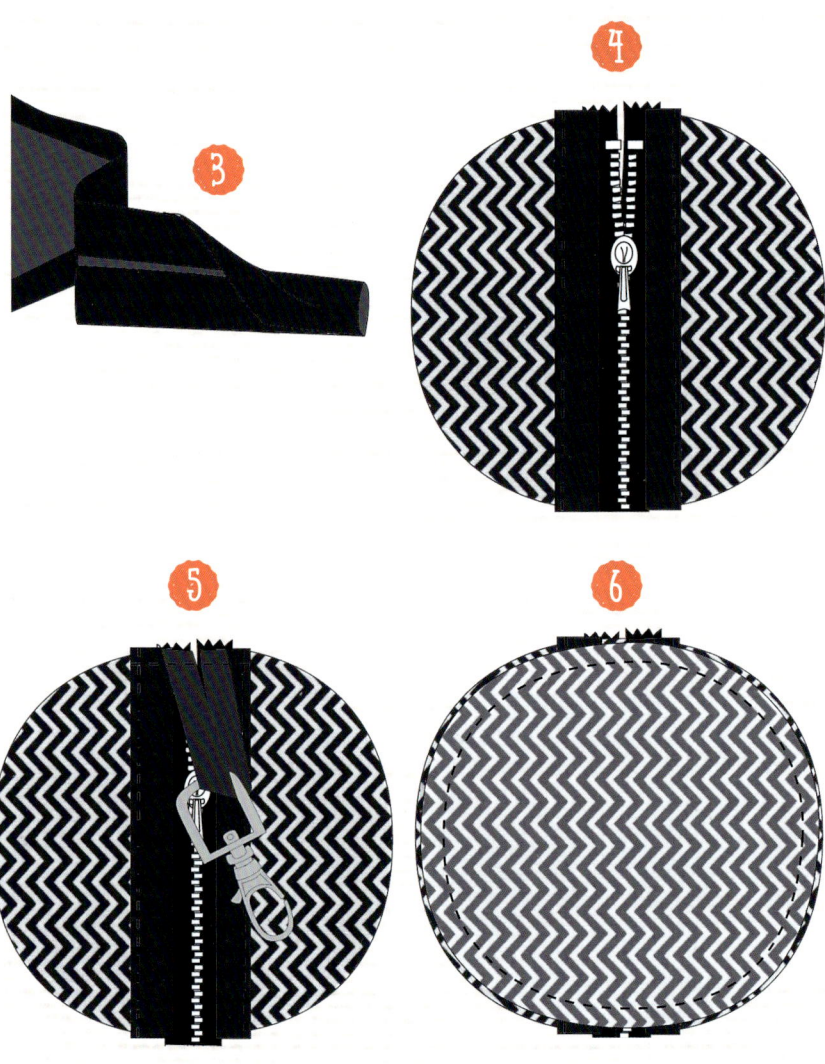

6. Vorder- und Rückseite des Täschchens rechts auf rechts aufeinandernähen. Beim Übernähen des Reißverschlusses unbedingt auf die Nadel ihrer Nähmaschine Acht geben und den Stoff gegebenenfalls manuell durch Heben des Nähfüßchens transportieren.

7. Die Tasche wenden, die Nahtzugaben mit einer Schere herausdrücken und die Kanten bügeln.

Nadelkissen

Ihre Freundin ist eine begeisterte Hobbynäherin? Da kommen diese Einmachgläser mit einem zerlegbaren Schraubdeckelverschluss als kleines Geschenk gerade recht, oder? Mit einem kleinen Stoffrest und einer Handvoll Füllwatte lässt sich dieses Glas zu einem schmucken Nadelkissen umwandeln. Der mit Watte ausgestopfte Stoffrest lässt sich problemlos zwischen die beiden Deckelteile zwischenfassen und so wird ein einfaches Glas zum tollen Geschenk und zu einem echten Hingucker auf jedem Nähtisch.

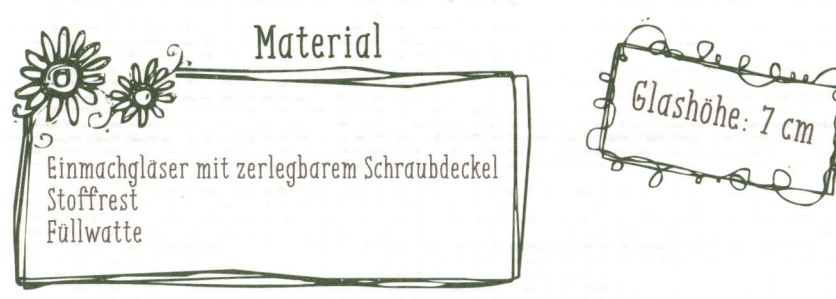

Material

Einmachgläser mit zerlegbarem Schraubdeckel
Stoffrest
Füllwatte

Glashöhe: 7 cm

Lesezeichen

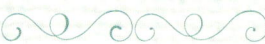

Diese Lesezeichen aus Pappe und Stoff sind ganz besondere Geschenke für kleine und große Leseratten. Das Basteln geht recht schnell und der Nähaufwand ist gering.

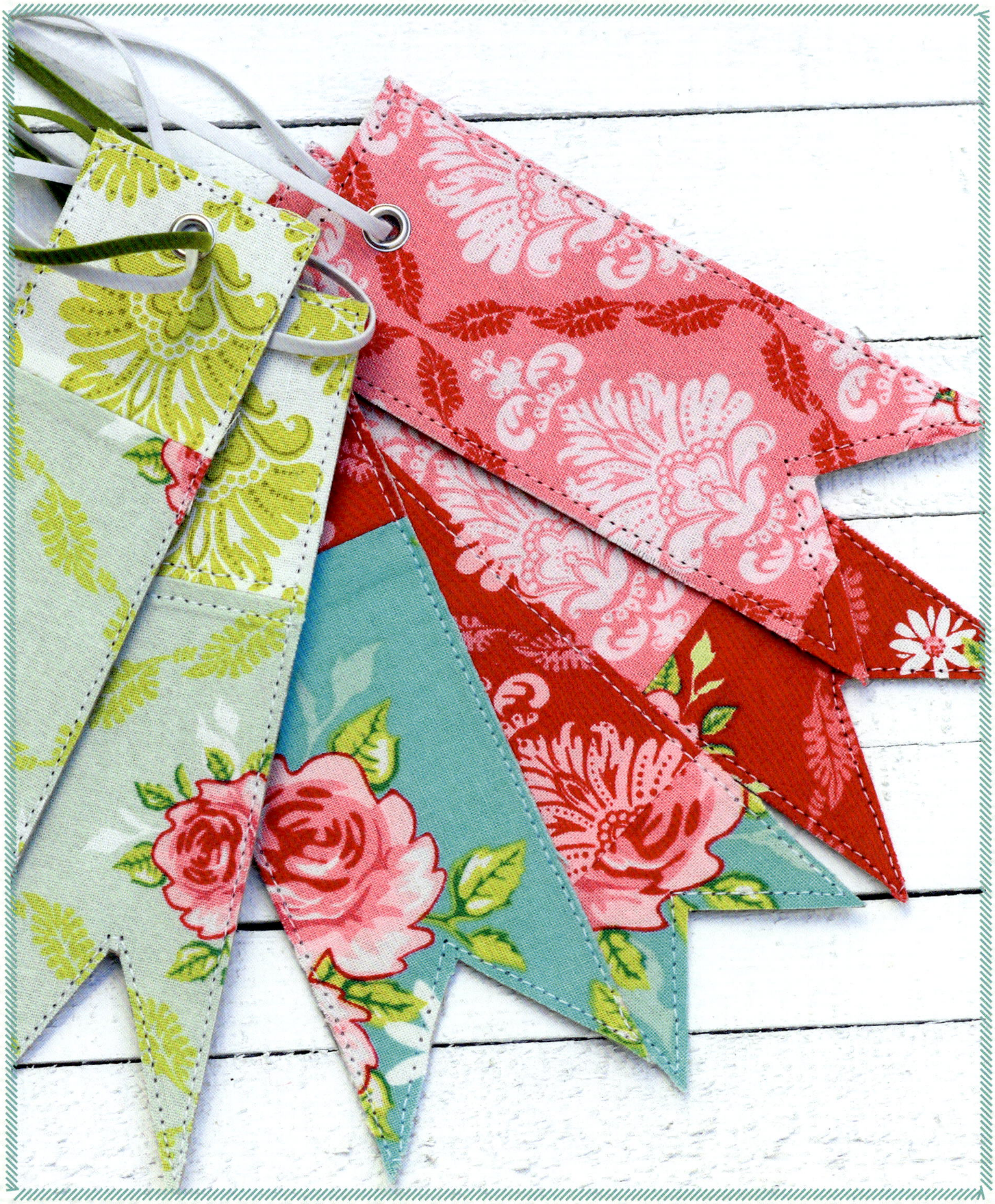

Geschenkidee für Bücherwürmer

4,5 cm x 13 cm

1. Die Schablone (24 oder 25) von Seite 104 kopieren und ausschneiden.

2. Bestreichen Sie eine dünne, aber sehr feste Pappe satt mit einem Klebestift. Kleben Sie dann den Stoff blasenfrei auf. Besonders schön sieht es aus, wenn Sie zuvor unterschiedliche Stoffe aneinander-genäht und die Nahtzugaben sorgfältig auseinandergebügelt haben.

3. Legen Sie dann die Schablone auf die Pappe und schneiden Sie das Lesezeichen mit einer sehr scharfen Schere exakt aus.

4. Steppen Sie das Lesezeichen ringsum 1–2 mm breit ab. Dazu an den Ecken und an der Spitze die Nadel in der Pappe stecken lassen, das Lesezeichen drehen und die Naht bis zur nächsten Ecke oder Kante steppen.

5. Ganz zum Schluss schlagen Sie im oberen Teil des Lesezeichens eine Öse ein und fädeln ein kleines Lederband hindurch.

Material

Stoffreste
Pappreste
Klebestift
Öse
Lederband

Brillenetui

Dieses Brillenetui wird mit Volumenvlies gefüttert und schützt so jede Brille vor Schlägen und Kratzern. Das richtige Geschenk für Sonnbrillenfans. Die Fleißigen steppen den Stoff diagonal ab, wer es eilig hat, kann auch darauf verzichten.

Geschenkidee für Sonnenanbeter

Stundenprojekt

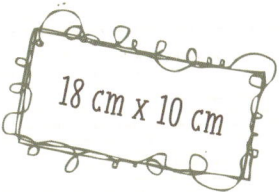

18 cm x 10 cm

Verarbeitung

1. Das Schnittteil (26) von Seite 105 kopieren und ausschneiden.

2. Die beiden grob zugeschnittenen Stoffrechtecke für die Außenseite mit der linken Stoffseite auf das Volumenvlies aufstecken und diagonale Linien im Abstand von 2 cm aufsteppen. Setzen Sie hierfür das Führungslineal ihrer Nähmaschine ein.

3. Das Schnittmuster auflegen und die Schnittteile für die Außen- und Futtertasche zuschneiden.

4. An die obere Kante der Außenteile den Reißverschluss nähen, hierzu das Spezialfüßchen Ihrer Nähmaschine einsetzen. Die Kanten bügeln.

Material

Baumwollstoff außen, 43 cm x 14 cm
Baumwollstoff innen, 43 cm x 14 cm
Volumenvlies, 21 cm x 13 cm
Reißverschluss, 18 cm

Zuschnitt

2-mal Stoffrechteck/Außenseite, 21 cm x 13 cm
2-mal Stoffrechteck/Innenseite, 21 cm x 13 cm
2-mal Volumenvlies, 21 cm x 13 cm.

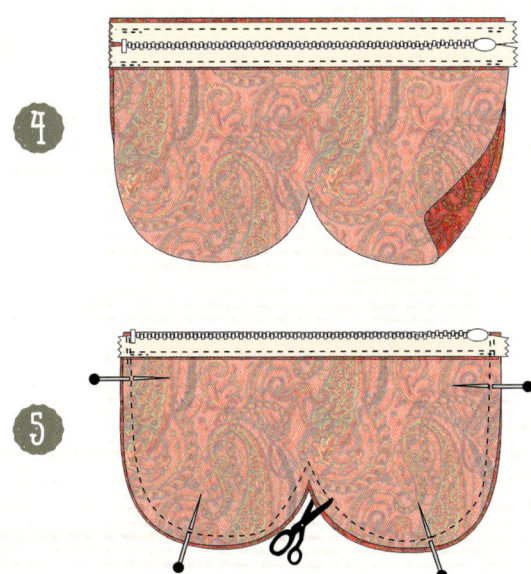

5. Vorder- und Rückseite rechts auf rechts aufeinanderlegen und die beiden Schnittteile so nah wie möglich entlang des Reißverschlusses aufeinandernähen. Die Nahtzugaben auf 2–3 mm zurückschneiden, den Stoff in den Rundungen bis zur Nahtlinie einschneiden.

6. Das Futterteil wie oben beschrieben arbeiten, dann links auf links in die äußere Tasche schieben und den Stoff mit einigen Handstichen am Reißverschlussband festnähen.

Serviettenring

Perfekt für die Kaffeeklatscheinladung

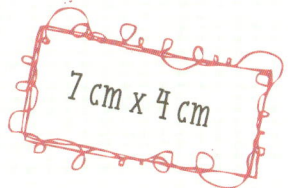

7 cm x 4 cm

Verarbeitung

1. Den Stoff und die Vlieseline laut Auflistung zuschneiden.

2. Die Vlieseline auf die linke Stoffseite bügeln.

3. Den Stoffstreifen rechts auf rechts falten und entlang den offenen Schnittkanten aufeinandernähen, hierbei eine ca. 5 cm lange Öffnung zum Wenden frei lassen.

4. Die Nahtzugaben auf 2–3 mm zurückschneiden, die Ecken schräg abschneiden. Das Teil durch die Öffnung wenden und die Kanten bügeln.

5. Die Öffnung mit einigen Handstichen zunähen.

6. Die Spitze oder das Webband etwa 3 cm länger als den Serviettenring zuschneiden. Die überstehenden Enden nach hinten einschlagen und das Band anschließend an beiden Außenkanten knappkantig festnähen.

7. An einer schmalen Kante eine Schlaufe mit Knopflochgarn sticken. Auf der gegenüberliegenden Seite, etwa 2 cm von der Kante entfernt, den Knopf aufnähen.

Material/Zuschnitt

Baumwollstoff, 19 cm x 10 cm
Vlieseline, 19 cm x 10 cm
Spitze, 22 cm
Knopf
Knopflochgarn

Tissueboxhusse

Geschenkidee für Schniefnasen

Halbtagesprojekt

Läuft die Nase oder muss das Make-up abends entfernt werden, dann bedienen wir uns gern an Einwegtüchern, die in praktischen Boxen angeboten werden. Leider passt das Design so häufig gar nicht zur Zimmer- oder Badeinrichtung und wirkt störend. Mit diesem Überzug machen Sie die Boxen salonfähig!

Material

Baumwollstoffreste
feste Vlieselinereste
Zackenlitze

12 cm x 11 cm x 13 cm

Zuschnitt

2-mal Oberteil, 14,5 cm x 6,7 cm
2-mal Seitenteile, 13,4 cm x 15 cm
2-mal Seitenteile, 14,5 cm x 15 cm
2 Schrägstreifen, 3,8 cm x 14,5 cm

Verarbeitung

1. Die Schnittteile laut Auflistung zuschneiden und jeweils auf die linke Stoffseite feste Vlieseline aufbügeln.

2. Die beiden Schrägstreifen zum Einfassen der oberen Kante an beiden langen Seiten zunächst 7 mm nach links umbügeln, dann den Streifen nochmals zur Mitte falten und erneut überbügeln.

3. Die 14,5 cm langen Kanten der Oberteile zwischen die Schrägstreifen schieben und knappkantig feststeppen.

4. Die beiden schmalen Seitenteile mit der 13,4 cm langen Kante rechts auf rechts an die beiden Oberteile steppen, die Oberteile liegen dabei exakt nebeneinander. Am Anfang und am Ende der Naht lassen Sie 1 cm offen. Die Nahtzugaben ins Seitenteil bügeln.

5. Steppen Sie anschließend die 14,5 cm langen Schnittteile ebenfalls rechts auf rechts an die beiden Oberteile. Auch hier wieder am Anfang und am Ende der Naht 1 cm offen lassen und die Nahtzugaben ins Seitenteil bügeln.

6. Nun die Seitennähte steppen. Beginnen Sie exakt an den letzten Stichen der vorangegangenen Nähte. Die Nahtzugaben an den Ecken schräg abschneiden. Die Nahtzugaben auseinanderbügeln.

7. Den Bezug über die Kosmetikbox ziehen und die Höhe kontrollieren. Den Stoff an der unteren Kante entsprechend nach links einschlagen und feststeppen.

8. Zum Schluss die Zackenlitze aufnähen.

❺   ❻

Geschenkidee für Kochbegeisterte

Sind Sie zum Essen eingeladen und möchten dem Koch etwas Nettes mitbringen? Dann wäre doch ein Topflappen genau das Richtige. Hier wurde der Topflappen durch das Einarbeiten von Rüschen und Litzen etwas aufwändiger gearbeitet; wer es sich etwas einfacher machen will, verstürzt lediglich zwei Stoffrechtecke miteinander, fasst Volumenvlies zwischen und denkt an den Aufhänger.

Material

Baumwollstoffreste
Volumenvliesreste
Zackenlitze
Label

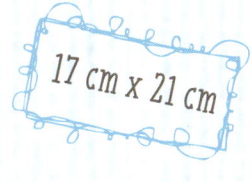

17 cm x 21 cm

Zuschnitt

Vorderseite
1-mal 19 cm x 8 cm
1-mal 19 cm x 17 cm

Rückseite
1-mal 19 cm x 23 cm

Rüsche
1-mal 35 cm x 6 cm

Volumenvlies
1-mal Rückseite, 19 cm x 23 cm
1-mal Vorderseite/oben, 19 cm x 8 cm
1-mal Vorderseite/unten, 19 cm x 17 cm

Zackenlitze
1-mal 19 cm
1-mal 8 cm

Verarbeitung

1. Alle Schnittteile laut Auflistung zuschneiden. Die untere Vorderseite und die Rückseite des Topflappens knappkantig auf das Volumenvlies aufnähen.

2. Das **obere** Schnittteil der Vorderseite mit Nadeln auf dem Volumenvlies feststecken und in 2 cm breiten Abständen diagonal absteppen. Nach dem Absteppen in der einen Richtung das Schnittteil nochmals im rechten Winkel zu den bereits bestehenden Stepplinien abnähen.

3. Rüsche: Den Stoffstreifen für die Rüsche mittig links auf links bügeln. Dann mit Zwirn oder einem doppelt gelegten Knopflochgarn die untere Stoffkante auf 19 cm einkräuseln. Die Kräusel gleichmäßig verteilen.

4. Die fertige Rüsche ca. 1–2 mm breit an die 19 cm lange Seite des großen Vorderteils nähen.

5. Oberes und unteres Vorderteil rechts auf rechts legen und die 19 cm lange Naht steppen. Die Nahtzugaben ins obere Vorderteil bügeln. Knapp oberhalb der Naht die Zackenlitze aufnähen.

6. Je nach Wunsch ein Label auf das wattierte Vorderteil nähen.

7. Die Zackenlitze zum Aufhängen des Topflappens zur Hälfte falten. Mittig an die obere Kante des wattierten Teils aufriegeln.

8. Vorder- und Rückseite des Topflappens rechts auf rechts legen und entlang der Außenkanten aufeinandersteppen. Die Ecken ggf. etwas abrunden. An der unteren Kante eine ca. 9 cm breite Öffnung zum Wenden frei lassen. Die Nahtzugaben auf 2–3 mm zurückschneiden, die Ecken abschneiden bzw. die Rundungen bis kurz vor die Nahtlinie einschneiden.

9. Den Topflappen durch die Öffnung wenden, die Kanten bügeln und mit einigen Handstichen zunähen.

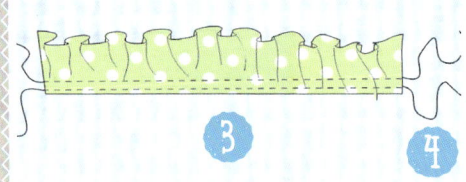

Filzmäuse

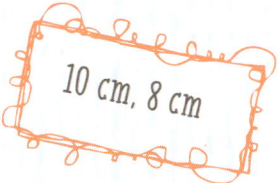

10 cm, 8 cm

Über diese kleinen Spielgefährten (Schnittmuster 27/28, Seite 104) werden sich kleine Kinder sehr freuen. Als Bett dient eine alte Metallschachtel, Kopfkissen und Bettdecke wurden aus farbenfrohen Stoffresten genäht. So sind die kleinen Mäusefreunde auch auf Reisen stets dabei und können nicht verlorengehen. Das Zusammennähen der Tiere kann von Hand, mit einem Knopflochstich oder mit der Maschine erfolgen. Lassen Sie an der unteren Kante kleine Öffnungen frei, um die Mäuse mit Füllwatte auszustopfen. Mit Nähgarn werden Augen und kleine Schnurrhaare aufgenäht.

Für das Kopfkissen und die Bettdecke bekleben Sie jeweils ein Stoffteil mit aufbügelbarem Volumenvlies, legen dann die Rechtecke rechts auf rechts aufeinander und nähen Sie entlang der Außenkanten aufeinander. Lassen Sie dabei eine kleine Öffnung zum Wenden. Die Nahtzugaben werden dann knappkantig zurückgeschnitten, die Teile gewendet und die Öffnung mit einigen Handstichen zugenäht. Decke und Kopfkissen mit aufgenähten Spitzen oder Bändern verzieren.

Material

Filzreste
Stoffreste
Füllwatte
Volumenvlies
Spitze

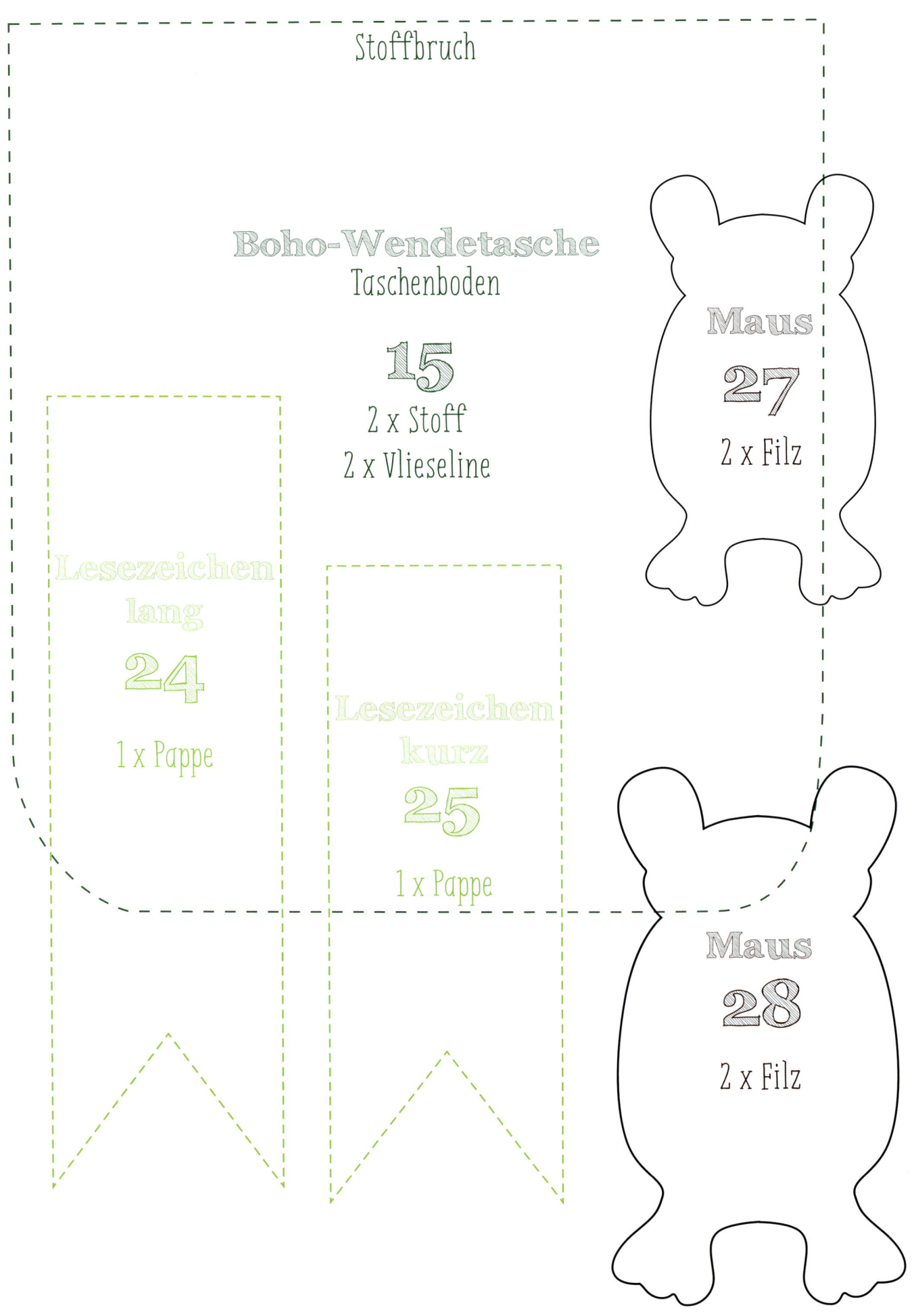

Stoffbruch

Boho-Wendetasche
Taschenboden

15

2 x Stoff
2 x Vlieseline

Maus

27

2 x Filz

Lesezeichen
lang

24

1 x Pappe

Lesezeichen
kurz

25

1 x Pappe

Maus

28

2 x Filz

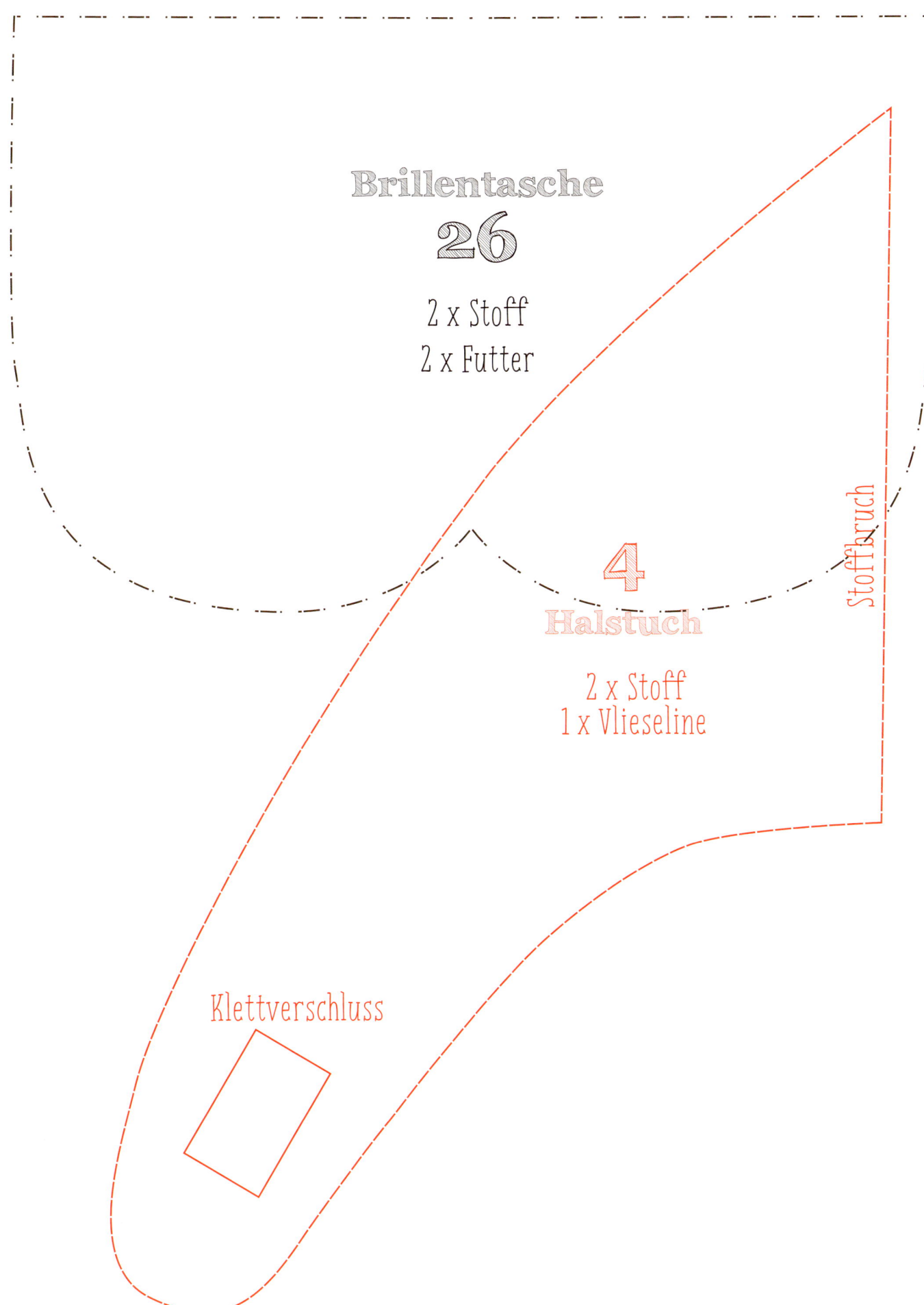

Brillentasche

26

2 x Stoff
2 x Futter

4

Halstuch

2 x Stoff
1 x Vlieseline

Stoffbruch

Klettverschluss

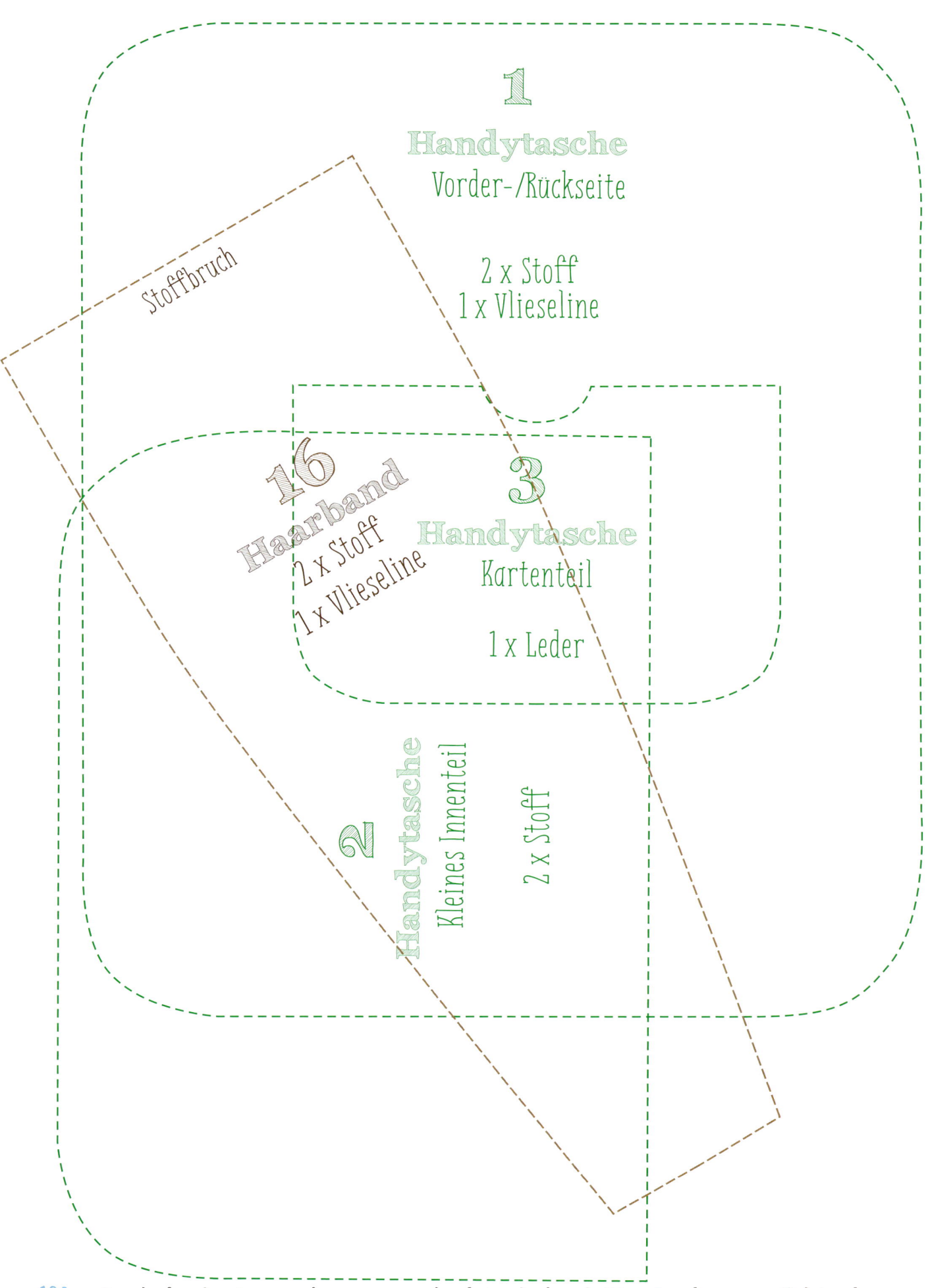

1

Handytasche

Vorder-/Rückseite

2 x Stoff
1 x Vlieseline

Stoffbruch

16
Haarband
2 x Stoff
1 x Vlieseline

3

Handytasche

Kartenteil

1 x Leder

2

Handytasche

Kleines Innenteil

2 x Stoff

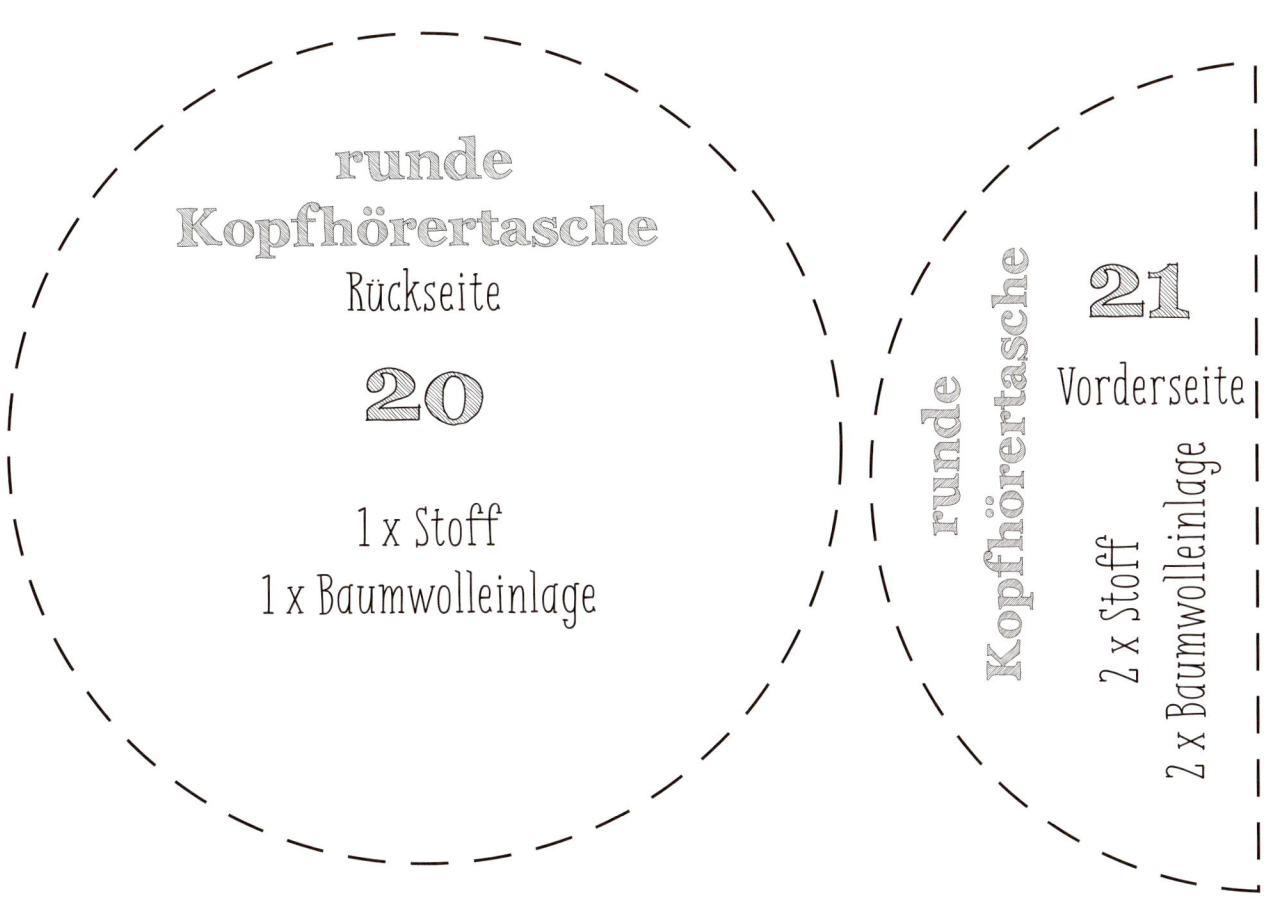

runde Kopfhörertasche

Rückseite

20

1 x Stoff
1 x Baumwolleinlage

runde Kopfhörertasche **21**

Vorderseite

2 x Stoff
2 x Baumwolleinlage

eckige Kopfhörertasche

Rückseite

22

1 x Stoff
1 x Baumwolleinlage

eckige Kopfhörertasche **23**

Vorderseite

2 x Stoff
2 x Baumwolleinlage

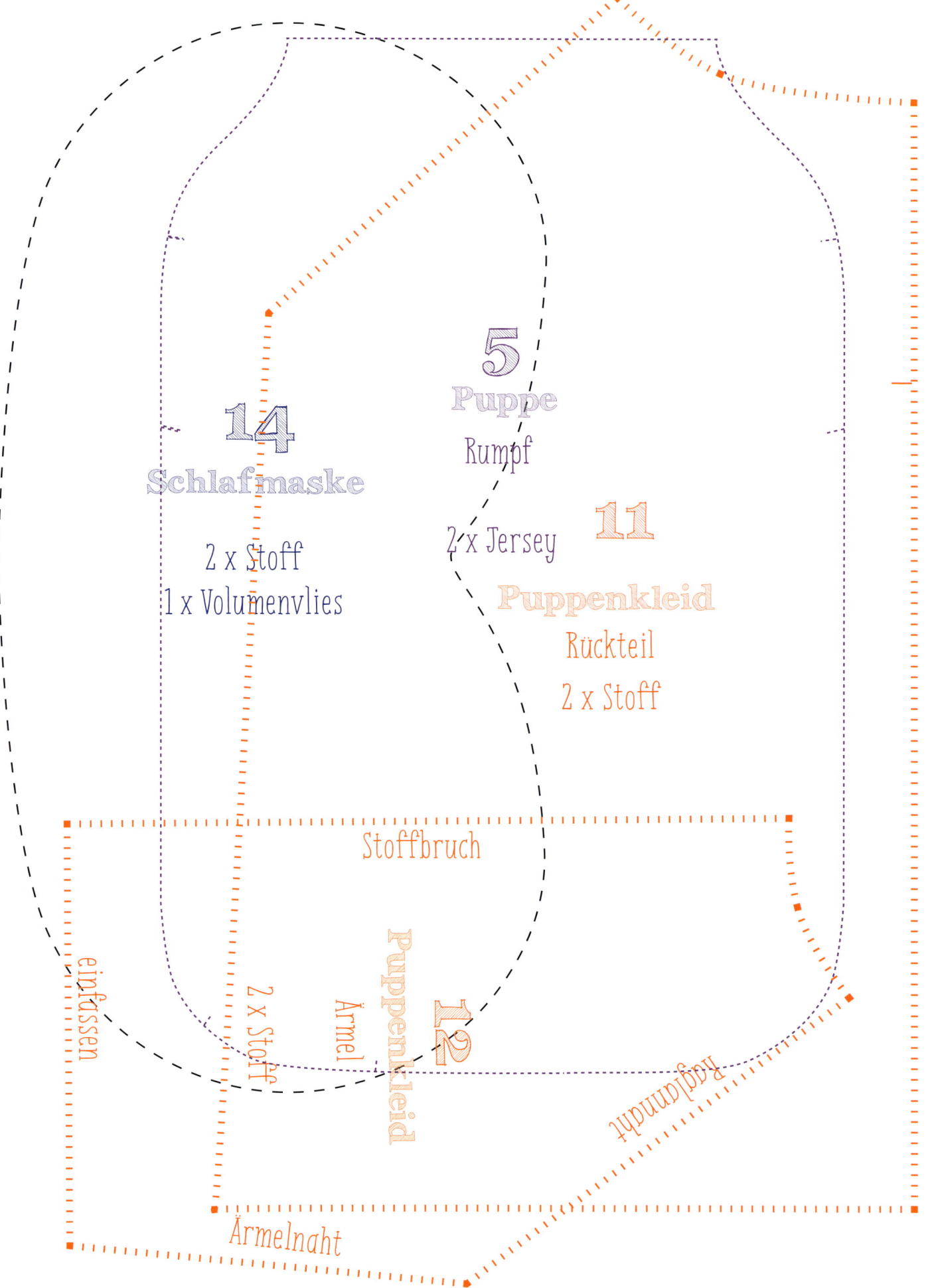

14
Schlafmaske

2 x Stoff
1 x Volumenvlies

5
Puppe

Rumpf

2 x Jersey

11
Puppenkleid

Rückteil
2 x Stoff

Stoffbruch

einfassen

2 x Stoff

Ärmel

12
Puppenkleid

Raglannaht

Ärmelnaht

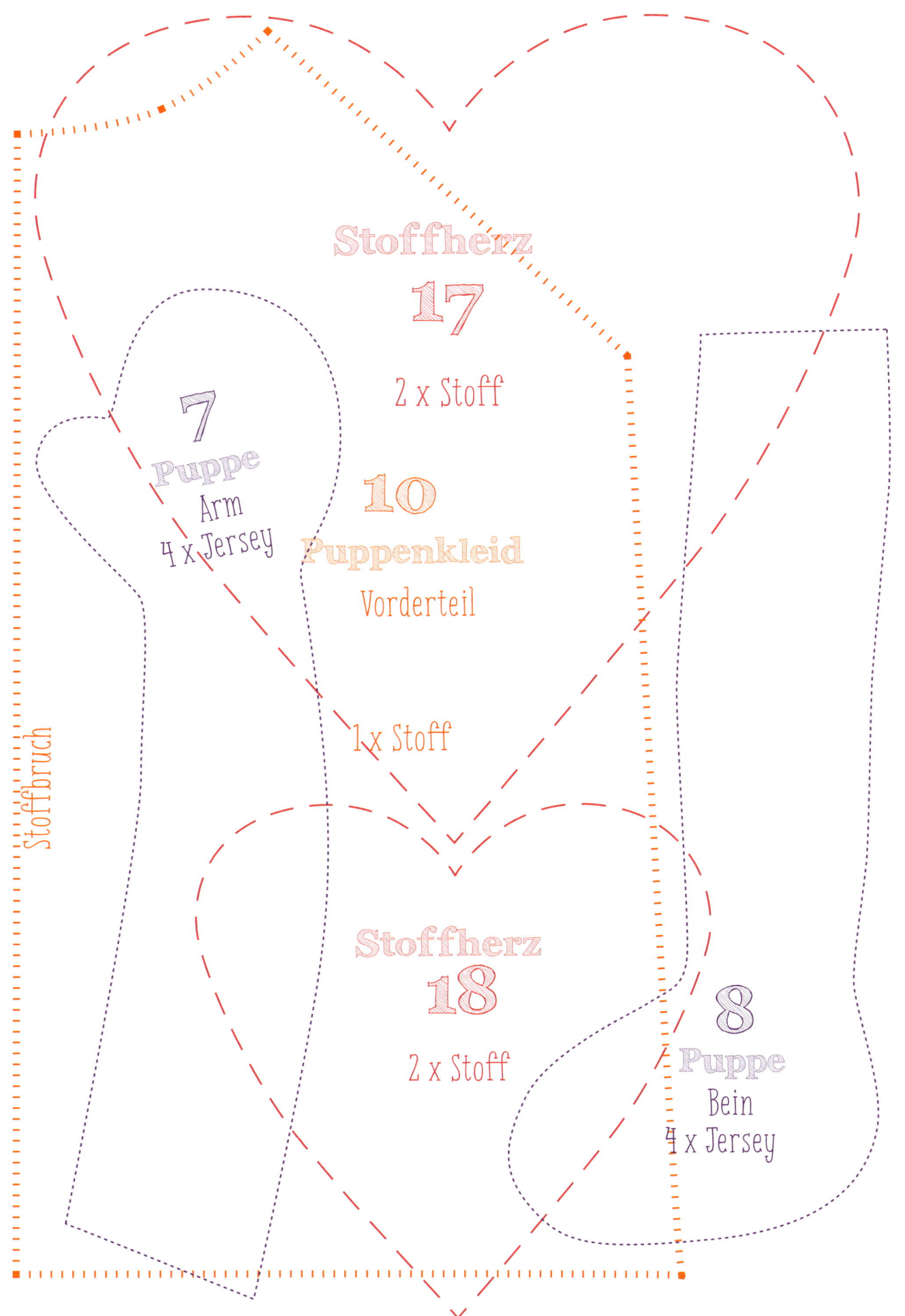

Stoffherz
17
2 x Stoff

7
Puppe
Arm
4 x Jersey

10
Puppenkleid
Vorderteil

1 x Stoff

Stoffbruch

Stoffherz
18
2 x Stoff

8
Puppe
Bein
4 x Jersey

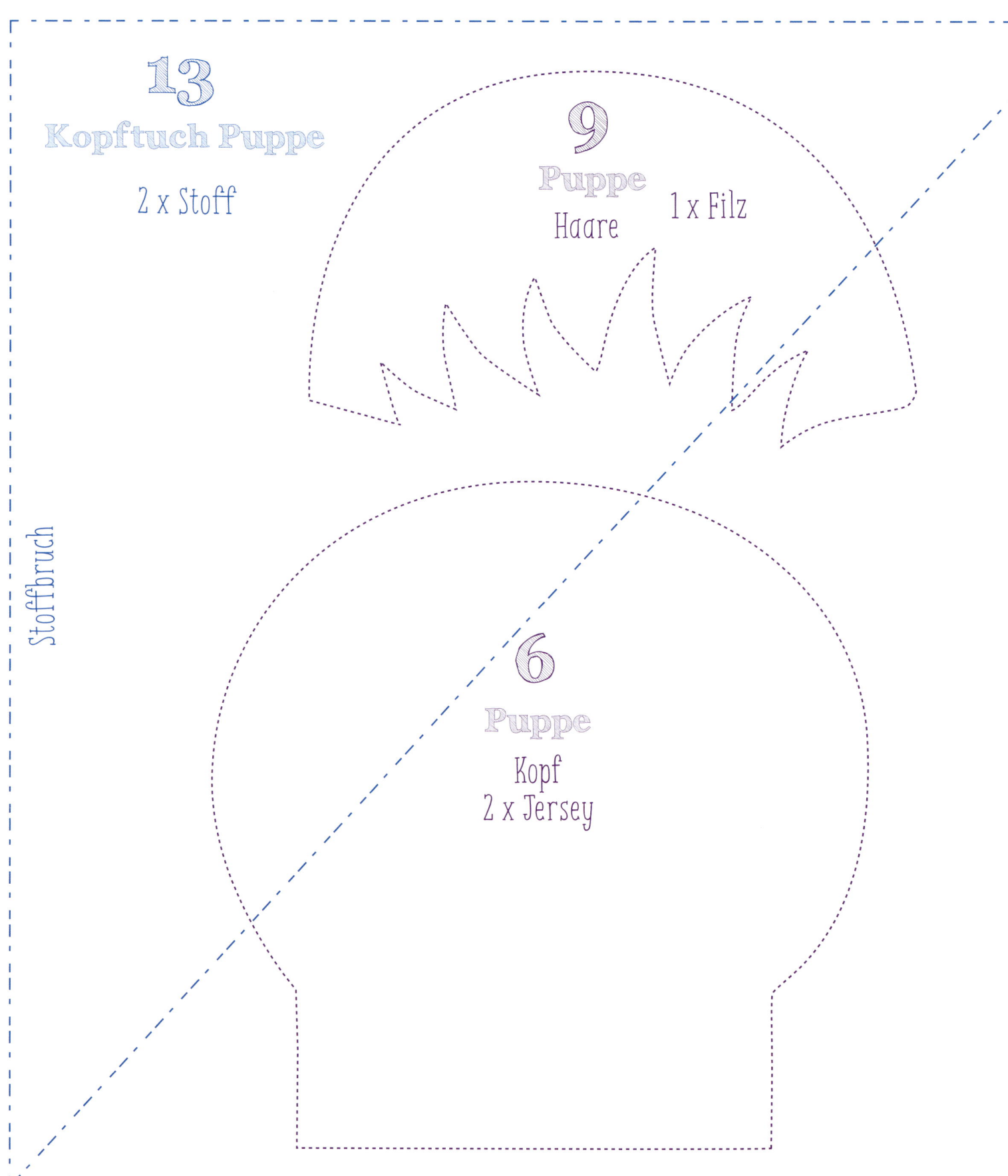

13
Kopftuch Puppe

2 x Stoff

9
Puppe
Haare

1 x Filz

Stoffbruch

6
Puppe
Kopf
2 x Jersey

Download auch unter: www.bassermann-verlag.de/geschenke-schnittmuster oder www.ruth-laing.de

Psst....

Psst....

Lavendeldruck Duftkissen

Impressum

ISBN 978-3-572-08187-5

1. Auflage
© 2015 by Bassermann Inspiration, einem Unternehmen der Verlagsgruppe Random House GmbH, 81673 München

Projektkoordination dieser Ausgabe: Dr. Iris Hahner
Umschlaggestaltung: Atelier Versen, Bad Aibling
Gesamtproducing: Ruth Laing
Zeichnungen: Ruth Laing, Franziska Laing
Herstellung: Sonja Storz

Druck & Bindung: Neografia, a.s., Martin

Printed in Slovakia

Danke

Bedanken möchte ich mich bei Frau Dr. Hahner, Frau Mayr und Frau Storz für die professionelle Unterstützung, die unkomplizierte Zusammenarbeit und die vielen Tipps, die zum Gelingen dieses Buches beigetragen haben.

Ein ganz großer Dank geht auch an meine Tocher Franziska, die mich bei den Zeichnungen und dem Layout wieder tatkräftig unterstützt hat.

Ein herzliches Dankeschön geht auch an Kyra, Gregor, Franziska und Hilde, die durch ihre Geduld echte „Modelqualitäten" bewiesen haben.